Alma de Cristo, santifícame

RICARDO SADA FERNÁNDEZ

Alma de Cristo, santifícame

Teología y mística en una plegaria medieval

EDICIONES RIALP

MADRID

© 2025 *by* Ricardo Sada Fernández
© 2025 *by* EDICIONES RIALP, S. A.,
    Manuel Uribe 13-15, 28033 Madrid
    (www.rialp.com)

Preimpresión: www.produccioneditorial.com

ISBN (edición impresa): 978-84-321-7276-2
ISBN (edición digital): 978-84-321-7277-9
ISBN (edición bajo demanda): 978-84-321-7278-6
ISNI: 0000 0001 0725 313X
Depósito legal: M-23292-2025

Impreso en España   *Printed in Spain*

Anzos, S. L. - Fuenlabrada (Madrid)

ÍNDICE

PRÓLOGO

El *Ánima Christi* es una plegaria que favorece la unión íntima entre Jesús y el comulgante. Hermosa confesión de fe y amor capaz de hacer vibrar las fibras más sensibles del corazón. Rezándola, estamos hablándole a Quien tenemos dentro. El secreto de esta joya oracional no es otro que *llevarnos directamente al contacto personal con Jesús*. Y responde, por tanto, al fin propio de la comunión sacramental: la *unión-común*.

En el *Ánima Christi* nos dirigimos al Huésped, reconociéndolo presente y reconociendo también la enorme dignidad de ser sus anfitriones. Cada una de sus invocaciones expresa un refinado equilibrio entre doctrina y mística, entre teología y piedad. Es, sin duda, la oración de más arraigo —al menos desde el siglo xiv— entre las que se rezan después de comulgar.

¿Quién la compuso? No lo sabemos. Con el *Ánima Christi* sucede lo mismo que con otras oraciones que han dejado huella indeleble en la piedad cristiana. ¿Quién fue el autor del *Señor mío Jesucristo*, o de la plegaria *Oh Señora mía, oh, Madre mía*? ¿Quién, de la espinela *Bendita sea tu pureza*? Lo ignoramos, y quizá sea mejor. El autor medieval del *Ánima Christi* permanece ignorado. Su anonimato nos resulta benéfico, pues permite apropiárnosla. Cada vez que la rezamos, esa oración es nuestra.

El *Ánima Christi* se inserta dentro de las múltiples devociones eucarísticas que se desarrollaron a partir de la institución de la festividad del Corpus Christi, promulgada por Urbano IV en 1262. Aparecieron entonces plegarias e himnos en libros de Horas y Misales. Particularmente entrañables son las *Salutationes Corporis Christi* que el pueblo proclamaba —o, mejor, gritaba— de modo espontáneo cuando el sacerdote elevaba la Hostia y el Cáliz. Unas eran muy breves: *Ave, salus mundi!... Verbum Patris! ... Fons pietatis!...* Otras, más largas: *Hostia vera, tu miserere mei!; Ave, Iesu Christi, filii Mariae!; Ave, Iesu Christi, laus angelorum!; Ave, Iesu Christi, splendor Patris!, Prínceps pacis, summa veritas, praemium nostrum, fons caritatis, dulcor amoris, requies nostra, vita perennis...*

Un siglo después —cuando aparece el *Ánima Christi*—, el patetismo religioso se expansiona no solo como mera *salutatio*, sino que cada invocación va acompañada de una súplica. Súplica que ahonda en la inagotable riqueza del Don recibido. Porque ahí nos apropiamos del Alma, del Cuerpo, de la Sangre, del Agua del Costado; ahí vivimos el memorial de la Pasión, el refugio de las Llagas, el ansia del encuentro definitivo... en el *Ánima Christi* compendiamos y experimentamos la esencia misma del cristianismo.

Ahora, si ya de suyo la plegaria es tan maravillosa, ¿qué pretende este escrito? Meditar cada invocación, resaltando su calado místico y su riqueza teológica. Y entonces quizá aumente en nosotros la deuda con el autor al descubrir, en la acción de gracias luego de comulgar, destellos nuevos... aunque, al mismo tiempo, insuficientes. Porque el prodigio eucarístico excede nuestra capacidad de razonar y aún de amar[1].

---

[1] La Iglesia ha querido enriquecer esta plegaria otorgándole indulgencias. El *Enchiridion Indulgentiarum* de la Penitenciaría Apostólica, promulgado por san Pablo VI el 1 de enero de 1967, concede indulgencia parcial cada vez que se rece el *Ánima Christi* luego de comulgar.

ADVERTENCIA

Cuando hablamos de la Eucaristía evitemos hacerlo como de alguien ausente. Jesús está ahí. La plegaria que nos ocupa lo entiende así, y por eso emplea la referencia directa. Le habla al Señor sabiéndolo atento a las súplicas: *santifícame, sálvame, embriágame, lávame...*

Buscando obviar el riesgo de desarrollos asépticos, emplearemos —con excepción de la parte histórica, al final del escrito— la forma de la primera persona del singular. Quizá así vislumbremos algo mejor la sensibilidad de Quien está oculto en el Sacramento[1].

---

[1] A pie de página se ofrecen referencias del Magisterio o de escritores espirituales para fundamentar lo dicho. Si el lector quiere omitirlas, se le simplificará la lectura.

ALMA DE CRISTO

Mi plegaria arranca de modo audaz: al comulgar reconozco, lleno de estupor, que Tú me entregas el Alma. He recibido con la Hostia tu espíritu vital. Aquello que te hace *ser el que eres*: Jesús de Nazaret.

Alma o forma sustancial: gracias a ella, con ella, Quien está en mi pecho es un Hombre verdadero y, además, vivo. Tú, hijo de Adán, miembro de nuestra estirpe.

Pero no se trata de un alma humana sin más. Tu Alma está *hipostáticamente unida a la Divinidad*. Al afirmarlo, comienza a hacerme crisis mi racionalidad. ¿Qué estoy diciendo? ¿He recibido un Alma humana que acoge a la entera Divinidad? ¿Tengo al Dios Omnipotente e Infinito, *en mí*? Lo confieso: tu Misterio me rebasa absolutamente. Intentaré avanzar poco a poco, subiendo la cuesta, que es muy alta, la más alta de todas, la de tu misma Esencia.

Tu Alma es verdadera alma humana

Solamente una vez, se entrega el alma, dice la canción popular. Pero esto no la aplicas para mis comuniones: ahí me la entregas muchas veces, tantas cuantas te reciba. Dogma de fe: al recibir tu Eucaristía, me donas tu Alma[1]. Alma que te constituye miembro del linaje humano, rama del mismo árbol. Tú, Cristo completo —Dios verdadero, y también verdadero hombre— estás en el Pan.

¿Qué supondrá la unión de tu Espíritu —en este caso, el Espíritu creado de tu Alma humana— con mi espíritu? A veces el lenguaje humano —especialmente el lenguaje del amor— dice de los amantes que son *una sola alma*. *Oye, mi alma... alma mía*. Es tal su connaturalidad que imaginan disolverse el uno en el otro, si eso fuera posible. *Alma de mi alma*, declaran, soñando lo que les gustaría ser.

Pero aquí es posible la realización de ese sueño: mi alma unida a la tuya, mi alma *eucaristizada* en la medida de mi fe y de mi amor. San Pablo enseña que *quien se une al Señor, se hace un espíritu con Él*[2]. Aquello que anhela el amor humano puede verificarse en mi unión eucarística. La verdad de formar contigo un único espíritu se dará a peso de fervor, de fe, de identificación, del deseo de que seamos uno y el mismo. La afirmación de Pablo me abre panoramas insondables: ¡hacerme un espíritu contigo! Tu Espíritu me hace vivir con un alma nueva: ¡la tuya!

---

[1] «Si alguno negare que en el Santísimo Sacramento de la Eucaristía se contiene verdadera, real y sustancialmente el cuerpo y la sangre, juntamente con el alma y la divinidad, de nuestro Señor Jesucristo y, por ende, Cristo entero, sino que dijere que solo está en él como en señal y figura o por su eficacia, sea anatema» (*Concilio de Trento*, sesión XIII, Cánones sobre el Santísimo Sacramento de la Eucaristía, canon 1, *Dz* 883).

[2] *1 Cor* 6, 17.

Entonces, recibiendo la Eucaristía, no mantenemos Tú y yo una mera coexistencia. Sería insuficiente para la transformación que tu Amor desea. Y aunque esta verdad me resulte imposible de comprender, aunque no la haya experimentado vivencialmente, así es: tu Alma presente en la Hostia no está encapsulada, está para unirse íntimamente con la mía, con la de todo el que te recibe: *Quien se une al Señor, se hace un espíritu con Él.* Teresa de Lisieux, enamorada de tu Eucaristía, encontró el vocablo preciso el día que te recibió por vez primera: *fusión*[3].

A los once años le concediste la vida mística, vida de unión contigo. El alma de Teresa era una misma con la tuya, como la gota de agua en el vino. Sucedió en la niña la convicción del místico castellano: «Lo que pretende Dios es hacernos dioses por participación, siéndolo Él por naturaleza, como el fuego convierte todas las cosas en fuego»[4].

Aquí necesito detenerme un poco. Esta primera invocación del *Ánima Christi* es desafiante: comulgar con un Alma humana *colmada de gracia*. Pero no es la única derivación. Dime, ¿qué otros prodigios tienen lugar en mí al recibir tu Alma?

---

[3] «Aquel día no era ya una mirada, sino una *fusión*. Ya no eran dos. Teresa había desaparecido, como la gota de agua que se pierde en el océano. Solo quedaba Jesús» (*Manuscrito A* 35rº).

[4] SAN JUAN DE LA CRUZ, *Cántico*, 22, 3.4.5.

Según los sabios, en las lenguas semitas las palabras alma (*nfs*), nariz (*'nf*) y soplar (*nfh*) tienen la misma raíz. La idea del alma como soplo de vida —la respiración indica que un ser vive— está en la base de esa relación[5].

Creer y confesar que en la Hostia está tu Alma es creer y confesar que estoy comulgando con Alguien *vivo*. ¿Lo advierto, cuando mi lengua te toca en el Pan consagrado? ¿Advierto que oyes, que hablas, que sientes, porque estás vivo? A santa Faustina Kowalska le presentabas tu dolida queja por quienes se acercan a comulgar sin esa conciencia: *¡Me tratan como a una cosa muerta!*[6]

Algo está vivo porque tiene alma. Vegetativa, sensitiva o, en tu caso, espiritual. Y de ahí concluyo que Tú, el de la Hostia, no eres algo inerte, ni mudo, ni insensible. Y, al advertir que te recibo así, vivo, tengo la dicha de un encuentro de personas vivas, porque yo también estoy vivo. Y el consiguiente trato de intimidad, de palmaria confianza, de seguridad absoluta de un Alma —la

---

[5] «Entonces Yahveh-Dios formó al hombre con polvo del suelo, e insufló en sus narices aliento de vida, y resultó el hombre un ser viviente» (*Gn* 2, 7).

[6] «Hoy, después de la santa comunión, Jesús me dijo cuánto desea venir a los corazones humanos: "Deseo unirme a las almas humanas. Mi gran deleite es unirme con las almas. Has de saber, hija mía, que cuando llego a un corazón humano en la Santa Comunión tengo las manos llenas de toda clase de gracias y deseo dárselas al alma, pero las almas ni siquiera me prestan atención. Me dejan solo y se ocupan de otras cosas. ¡Oh, qué triste es para Mí que las almas no reconozcan al Amor! ¡Me tratan como a una cosa muerta!"» (Santa Faustina Kowalska, *Diario*, n. 1385).

tuya— que está emocionada con mi acogida. ¿O acaso me frena la conciencia de mi indignidad? ¿Pero no es verdad que tu Amor cubre toda miseria?[7]

En la Hostia estamos frente a frente —o, mejor, Corazón a corazón—, porque ahí está tu Alma, tu Espíritu de vida, con la mía, uniéndose a la mía. No eres un alimento exánime, no ingiero algo muerto. Y no tengo reparo en emplear el verbo *comer*[8]. Es el mismo de tu Institución: *Tomad, comed*. Me como a Jesús vivo. Un día le dijiste a Gabriela Bossis: «Recuérdalo: no hay varios Jesucristos sino solamente Uno. El que está en el cielo es el mismo que vosotros coméis. Y no te intimide el verbo "comer". Yo lo puse en el Evangelio y lo hice porque explica la Unión que quiero tener con vosotros. Cómeme, comedme sin temor: satisfacéis Mi Amor, aliviáis Mi Sed ardiente»[9].

---

[7] «Muchas veces... siento su presencia que me invade por completo. Siento su mirada divina, hablo mucho con Él, sin decir una palabra. Conozco lo que desea su Corazón divino y siempre hago lo que Él prefiere (...). En los momentos en los que me encuentro con Dios en la profundidad de mis entrañas me siento tan feliz que no sé cómo expresarlo» (*Id.,* n. 411).

[8] «La Eucaristía es verdadero banquete, en el cual Cristo se ofrece como alimento. Cuando Jesús anuncia por primera vez esta comida, los oyentes se quedan asombrados y confusos, obligando al Maestro a recalcar la verdad objetiva de sus palabras: "En verdad, en verdad os digo: si no coméis la carne del Hijo del hombre, y no bebéis su sangre, no tendréis vida en vosotros" (Jn 6, 53). No se trata de un alimento metafórico: "Mi carne es verdadera comida y mi sangre verdadera bebida" (Jn 6, 55)» (SAN JUAN PABLO II, Enc. *Ecclesia de Eucharistia,* n .16).

[9] Gabriela Bossis, *Él y yo,* n. 1115.

Voy adelante, aunque para este punto vuelvo a sentirme rebasado por tu Misterio. Intentaré un desarrollo más, considerando que tu *Alma* en la Hostia es un Alma en estado glorioso. Recibo tu *Alma glorificada*, Alma ya no movida por la *psique* —como la mía— sino por el *Pneuma*, por el Espíritu de Dios[10].

Cuando mi alma abandone mi cuerpo, me convertiré en cadáver, en polvo, en materia inerte. Al resucitar, mi alma volverá a informar materia inerte, de tal modo que mi corporeidad volverá a ser la de antes. Pero no idéntica a la de antes. Conservaré mis facultades naturales, pero ahora movidas —como tu Alma humana—, por el Espíritu de Dios. Tendré la vida nueva de los cuerpos gloriosos, al modo de tu Cuerpo resucitado.

Tu *Vida de Resucitado*: la *Vida nueva* con la que viviré eternamente es la que recibo al comulgar. Tu Carne, Jesús, informada por primera vez en el seno de María, fue nuevamente informada cuando uniste tu Alma a tu cadáver de Crucificado. Entonces resucitaste. Y es contigo, Resucitado, con quien me uno al comulgar[11].

ALMA DE CRISTO, SANTIFÍCAME

---

[10] En las cartas de san Pablo se exhorta a las comunidades cristianas a vivir según el *pneuma* y a huir de las obras de la carne. El dualismo *pneuma—sarx* es una de las grandes antítesis de la literatura paulina. Pero en ellas el *pneuma* no solo se opone a la carne en cuanto símbolo de las tendencias más bajas del hombre. Se opone igualmente a la *psique,* que es el principio puramente natural de la vida. De ahí proviene la distinción paulina entre el hombre pneumático y el hombre psíquico. No existen rasgos de esta doctrina antes de la revelación cristiana.

[11] «Si hoy Cristo está en ti, Él resucita para ti cada día» (San Ambrosio, *De sacramentis*, V, 4, 26).

¿Qué consecuencias se siguen de recibir un Alma *glorificada*, cuando comulgo?

Responderlo, de nuevo, supera mi capacidad. Quizá solo pueda decir que, recibiendo tu Alma glorificada, estoy adelantando mi propia glorificación, nuestro mundo futuro: *Yo soy la Resurrección*, dijiste a Marta[12]. Porque me uno a un Hombre que vive la Vida de los cuerpos en gloria. Lo asegurabas en Cafarnaúm: *Yo soy el Pan de vida... el que come de este pan, vivirá para siempre*[13]. Me sirve la experiencia de Teresa de Ávila que, al comulgar, te experimenta resucitado, esplendoroso, lleno de majestad:

> No hombre muerto, sino Cristo vivo, y da a entender que es hombre y Dios; no como estaba en el sepulcro sino como salió después de resucitado. Y viene a veces con tan grande majestad que no hay quien pueda dudar, sino que es el mismo Señor, en especial acabando de comulgar, que ya sabemos que está allí, que nos lo dice la fe. Represéntase tan Señor de aquella posada que parece, toda deshecha el alma, se va a consumir en Cristo[14].

Alma de Cristo, ¡vivifícame!

Si me uno a Ti —que vives la Vida en plenitud— me comunicas lo propio tuyo. No te limitas a darme una vivificación biológica. No serás remedio al modo de reconstituyente vitamínico. Aunque, sin duda, al

---

[12] *Jn* 11, 25.

[13] *Id.*, 6, 51.

[14] *Vida* 28, 8.

vivificar mi alma, tu Eucaristía podrá producirme, *per accidens*, una vivificación corporal. Pero tu Alma presente en la Hostia me da mucho más: incoa en mi ser caduco la misteriosa vida de resucitado que un día tendré. Sí, Tú lo aseguraste: *Quien come mi carne y bebe mi sangre, Yo lo resucitaré en el último día*[15].

De manera que tu Alma me introduce en el vivir permanente, no efímero, como el del maná: *Vuestros padres comieron el maná en el desierto, y murieron; este es el pan que baja del cielo, para que quien lo coma, no muera*[16]. En unos cuantos versículos del capítulo sexto de san Juan mencionas doce veces la palabra *vida* o el verbo *vivir*[17]. Una vida eterna, un vivir indeficiente: *Así como el Padre vive y yo vivo por el Padre, el que me coma vivirá por Mí*[18].

Desde la antigüedad, tus santos me lo aseguran[19].

---

[15] *Jn* 6, 54.

[16] *Jn* 6, 49-51.

[17] Del 47 al 69.

[18] *Jn* 6, 57.

[19] San Ignacio de Antioquía, dirigiéndose al lugar donde sería devorado por las fieras, confiaba que el Pan supersustancial lo haría imperecedero: «Medicina de inmortalidad, antídoto para no morir, remedio para vivir en Jesucristo para siempre» (*Carta a los Efesios* XX, 20). «San Ignacio de Antioquía hablaba de la Eucaristía como antídoto contra la muerte. Él vivía en un país, Siria, habitado por médicos famosos que curaban todas las enfermedades con hierbas medicinales. Pero no habían encontrado la medicina contra la muerte. San Ignacio de Antioquía, según la tradición, era el niño que Jesús ponía como ejemplo a los apóstoles y, probablemente, fue discípulo de Juan Evangelista. Él decía a los médicos de su país que los cristianos habían encontrado la medicina contra la muerte: la Eucaristía, el cuerpo de Cristo que baja a nuestros altares» (Tomás SPIDLIK, *El Evangelio de cada día*, San Pablo, Madrid 2003, p. 395).

Comulgando con tu Alma *soy el que ser*é. Mi esperanza no es algo realizable solo en el futuro, sino que, gracias a tu Alma glorificada en mí, es ya una realidad presente. Me sirve recordarlo: *El que come mi carne y bebe mi sangre, TIENE vida eterna*[20]. Y así como un día estaré resucitado, he de vivir aquí sabiéndome resucitado. Me lo posibilitas al darme —*ya desde ahora*— la vida eterna. He recibido, en tu Eucaristía, la prenda del mundo futuro[21].

La Gracia Increada

Me atrevo a abordar otra consideración, asomándome a un milagro que, de nuevo, apenas vislumbro.

Y es que tu Alma, al contacto con la infinita Vida de la Divinidad —con la Gracia Increada—, se colma de esa Vida infinita, cuyo efecto es la gracia *creada*, *habitual* o *santificante,* misma que posees Tú en su totalidad: «De su plenitud hemos recibido todos, gracia por gracia»[22]. Como de esa *gracia creada* presente toda ella en tu Alma participo yo, no me queda sino afirmar que toda gracia santificante es tuya, es decir, crística: no hay ninguna que proceda de otra fuente. Por eso, una sola comunión podría

---

[20] *Jn* 6, 54.

[21] "El Señor resucitado está realmente presente en la Eucaristía y, en Él, la humanidad y el universo asumen el sello de la nueva creación. En la Eucaristía se gustan las realidades definitivas y el mundo comienza a ser lo que será en la venida final del Señor" (San Juan Pablo II, *Audiencia*, 2-XII-1998, n. 3).

[22] *Jn* 1, 16.

inundar mi alma con una infusión ilimitada de gracia santificante. Sería santo en un solo envite.

Una última consideración: tu Alma humana está inmersa en la Visión Beatífica. La tuviste desde el primer instante, cuando fue infundida en el seno purísimo de María, y continuaste teniéndola en cada instante de tu vida mortal. Ahora, en el Seno del Padre, continúas con la Visión Beatífica. Tu Alma humana presente en la Hostia ve lo que no veo, pero que veré: el flujo incesante del Amor trinitario. Contiene el Cielo, aunque yo no lo advierta ni lo sienta. La cercanía de tal Visión —tienes la Visión Beatífica en el pan que he recibido— me invita a ser contemplativo, como preludio de la contemplación eterna.

SANTIFÍCAME

Cierto cristiano piadoso, luego de comulgar, no hacía sino repetir una y otra vez: *Alma de Cristo, santifícame; Alma de Cristo, santifícame, Alma de Cristo, santifícame...* diez o quince minutos con esa única súplica. Quizá me haría bien imitarlo, porque ahí se resume, de alguna manera, todo cuanto me supone comer tu Hostia. Y aumentará mi conciencia del enorme grado de *santificación* que mi alma puede recibir al contacto con la tuya.

¿Por qué al comulgar, más que en ningún otro momento, podrías lograr aquello que pretendes, y que yo también anhelo? ¿Qué razones de fe y piedad descubro para pedirte ahora, al recibir tu Alma, que me lance a trascender mi mero ser natural, y resulte *santificado, divinizado*?

Me cuesta trabajo responder. Estoy en ámbitos divinos. Algo intenté captar en las consideraciones anteriores: que tu Alma, presente en la Hostia, gracias a la Unión Hipostática, tiene la mayor unión con la Divinidad —en la Persona del Verbo— a que puede ser elevado ser alguno. Porque se trata de una *Gracia Infinita* con la misma infinitud del Verbo. Y también que, derivada de esa *Gracia Infinita* o *Gracia de Unión*, tu Alma humana contiene en toda su plenitud la gracia *habitual* o *santificante*, de la que participo. Traté, además, de intuir cómo, a través de tu *Alma*, la vida eterna se me comunica ya. Pero... ¿podré abundar en algunas consecuencias para apreciar mejor tu Don?

La gracia que me regalas

Me repito que tu Alma humana, presente en la Hostia, posee *la totalidad de la gracia creada, gracia santificante*. Esa gracia no es sino tu misma Vida, aquella que me hace nacer de nuevo y que *procede de lo Alto*[1]. Al comulgar tengo, al contacto con tu Alma, el fluir de tu Vida en mí, la totalidad de la gracia que me hace agradable al Padre[2].

Esa gracia —presente en tu Alma humana—, me es otorgada por la eficacia misma del sacramento, aunque regulada también por mis disposiciones. Disposiciones que, ayudado por la plegaria que me ocupa, deseo mejorar. ¡Qué riquezas encierra el Pan consagrado! ¡La totalidad de la gracia creada! Esa totalidad es consecuencia de la asunción de la naturaleza humana por tu Persona, la del Verbo. Tú, Verbo encarnado, eres santo *sustancialmente,* también en tu naturaleza humana, por la unión

---

[1] *Sant* 1, 17.

[2] «La gracia de Dios es un destello de la bondad divina que, viniendo del Cielo al alma, la llena, hasta sus profundidades, de una luz tan dulce y a la vez tan potente que embelesa el mismo ojo de Dios; se convierte en objeto de su amor... para ser finalmente elevada, sobre todas las posibilidades de su naturaleza. De esta suerte, en el seno del Padre celestial, junto al Hijo divino, participa el alma de la naturaleza divina, de su vida, de su gloria y recibe en herencia el reino de su felicidad eterna» (Matías SCHEEBEN, *Las maravillas de la gracia divina,* Libro IV, cap. XI, Desclée, Bilbao 1960, p. 25).

indisoluble con tu Persona divina. De manera que, en virtud de tu Sagrada Humanidad en mí, y a través de la gracia creada presente en tu Alma, entro en contacto con la Divinidad.

¿Cuál es, por tanto, el alcance de tu Eucaristía en orden a mi santificación? Sé que la respuesta es: mi transformación en Ti[3]. Es tu proyecto de *theosis* o divinización, el endiosamiento, tal como insisten quienes desentrañan tus secretos: «Jesucristo que, a causa de su amor superabundante, se convirtió en lo que nosotros somos para hacer de nosotros lo que Él es»[4]. «¡Oh, hermanas mías, qué fuerza tiene este don! No puede menos, si va con la determinación que ha de ir, de traer al Todopoderoso a ser uno con nuestra bajeza, y transformarnos en Sí, y hacer una unión del Criador con la criatura»[5].

Necesito repetirme estas verdades. No debo extrañarme al verme incapaz de asumir tantos y tan inefables prodigios. Ni los mismos ángeles logran abarcarlos. Pero hoy quiero adorar tu Alma humana inseparablemente unida a tu Divinidad. Tu Alma, que ha recibido la Unción y está por ello colmada de gracia... ¡para comunicármela![6]

De manera que en tu Alma está toda gracia, toda santidad. Ahí está la gracia con la que tu Padre hizo

---

[3] «El verdadero efecto de la Eucaristía es la *transformación* del hombre en Dios» (Santo Tomás de Aquino, cit. en *Youcat*, n. 208).

[4] San Ireneo de Lyon, *Adversus haereses,* libro V, prefacio.

[5] Santa Teresa de Jesús, *Camino de perfección*, 32, 11.

[6] «Quien con pureza se acerca al divino convite consigue, con su participación, el quedar transformado en la Divinidad» (Pseudo Dionisio, *Sobre la jerarquía eclesiástica*, c. 3, 1).

Inmaculada a María, con la que son bienaventurados los ángeles y los santos, la que poseen las ánimas benditas y la que sostiene hoy a los hombres justificados que pueblan la faz de la tierra. Y dicha totalidad de gracia está en mí cuando comulgo[7].

Estoy *con* y *en* el Santo de los santos

Además de la razón anterior —que podría llamar *ontológica*—, tu Alma me santifica también *psicológicamente*, al ponerme en íntimo contacto contigo, que eres el Santo de los santos. Se trata de una razón de *intimidad*, intimidad mayor a cualquier intimidad terrena. Así es la que puedo tener al comulgar con tu Alma, el Alma del Santo de los santos.

Si a nivel humano es muy deseable convivir con hombres y mujeres santos —en los que notamos un *no sé qué* de irradiación divina— ¿qué será la coincidencia con el Alma del Autor de toda santidad? Esa Alma *se me entrega*, y por tanto me permite hacerla mía. Sí, Jesús, cuando comulgo me das tu Alma...[8].

---

[7] El santo Cura de Ars gustaba recordar una frase de santa Magdalena de Pazzi: «Una sola comunión bien hecha bastaría para hacernos santos» (San Juan Bautista María Vianney, *Sermón sobre la comunión*).

[8] «Cuánta gente dice hoy: "Querría ver a Cristo en persona, su cara, sus vestidos, sus zapatos". ¡Pues bien, en la Eucaristía es a Él al que ves, al que tocas, al que recibes! Deseabas ver sus vestidos, y es Él mismo el que se te da no solo para verlo, sino para tocarlo, comerlo, acogerlo en tu corazón...» (san Juan Crisóstomo, *Homilía sobre el evangelio de Mateo*, n. 82: PG 58, 743).

De manera que, al tenerte en mí, Santo de los santos, me permites asumir tus sentimientos, tus pensamientos, el contenido de tu Memoria, de tu Imaginación, de tu Sensibilidad. Abriré de par en par las puertas de mi alma para que tu Alma vuelque sobre mí los torrentes de tu eximia santidad. Porque en tu Alma posees el culmen de las virtudes infusas, de los dones y de los frutos del Espíritu Santo. Tú estabas —y estás— *lleno del Espíritu Santo*[9], Espíritu que residía en Ti durante tu vida mortal y que sigue residiendo en cada Hostia consagrada[10].

Si tan grande es el prodigio, ¿por qué no me basta una comunión para ser santo?

Sé que la dificultad no puede provenir sino de mí. Quizá por inconsciencia y mi dispersión. Bloqueo entonces la coincidencia de mundos[11].

---

[9] Cf. *Lc* 4, 1.

[10] «Debe haber en ese momento un contacto del Alma santa de Jesús unida personalmente al Verbo con la nuestra, una unión íntima de su Inteligencia humana esclarecida por la luz de la gloria con nuestra inteligencia humana, frecuentemente oscurecida, olvidada de nuestros grandes deberes, incapaz de alguna manera de comprender las cosas divinas; debe haber igualmente una unión no menos profunda con la Voluntad humana de Cristo, inmutablemente fija en el bien con nuestra voluntad vacilante, y, por último, una unión de tan pura Sensibilidad con la nuestra tantas veces perturbada. En la Sensibilidad del Salvador están las dos virtudes de fuerza y de virginidad que fortifican y virginizan las almas que se acercan a Él» (Reginaldo GARRIGOU-LAGRANGE, cit. en M. V. BERNADOT, *De la Eucaristía a la Trinidad*, Palabra, 1976, Epílogo).

[11] No sin razón afirma Francisco de Osuna: «El principio de los males es la distracción y el derramamiento del corazón» (*Tercer Abecedario Espiritual*, nono tratado, c. II). Algo semejante dice la *Imitación*: «Deja lo vano a los vanos, y tú ten cuidado de lo que te manda Dios. Cierra la puerta sobre ti, y llama a tu amado Jesús; permanece con Él en tu aposento, que no hallarás en otro lugar tanta paz» (Libro 1, c. 20).

Mi alma no conecta con la tuya en cercanía abierta. Es verdad que Tú estás siempre próximo a mí. Comulgo porque creo que es así. En derredor tuyo, el Padre estaba y está cerca de Ti. Para Él, para tu Padre, permanecías y permaneces abierto enteramente. En el piélago de Amor infinito, eras y eres uno con Él. Nos permitiste escuchar palabras de tierna intimidad entre Él y Tú. En torno a Ti está el cielo, la cercanía abierta del Padre. Tú nos has traído esa cercanía. En Ti me ama el Padre.

Tristemente, la cercanía está por mi parte muchas veces cerrada. Por lo que soy, por la pesantez de mi ser irredento, por la pereza o inercia de mi corazón, por la dispersión de mi espíritu. El Amor se me daría irrestrictamente si tu apertura interactuara con mi apertura[12].

Dice el poeta, y con razón, que, en amor, locura es lo sensato[13].

---

[12] «¡Oh fuego de amor! ¿No era suficiente habernos creado a imagen y semejanza tuya, y habernos vuelto a crear por la gracia en la Sangre de tu Hijo, sin tener que darnos en comida a todo Dios, esencia divina? ¿Quién te ha obligado a esto? Sola la caridad, como loco de amor que eres» (Santa Catalina de Siena, *Oraciones y soliloquios* 20).

[13] «Huye del triste amor, amor pacato, / sin peligro, sin venda ni aventura, / que espera del amor prenda segura, / porque en amor locura es lo sensato» (Antonio Machado, *Soneto V*).

CUERPO DE CRISTO

«Tomad y comed, esto *es* mi Cuerpo»[1]. Nos invitas a comer tu Cuerpo. Crudo realismo, sin subterfugios: *¡Tomad, comed mi Cuerpo!*

Es tu mismo Cuerpo lo que ingiero al comulgar. Debo creerlo, con una certeza mayor a cualquier certeza de la tierra[2]. Ahora, en esta segunda plegaria del *Ánima Christi*, lo confieso como corolario de tu Encarnación: Tú tienes un cuerpo[3].

No se trata, pues, de mera apariencia, sino de verdadero cuerpo, cuerpo de carne humana, como cualquiera de los que conozco, aunque glorificada.

---

[1] *Mt* 26, 26; *Lc* 22, 15; *I Cor* 11, 23.

[2] Dogma de fe: «Si alguno negare que en el Santísimo Sacramento de la Eucaristía se contiene verdadera, real y sustancialmente el Cuerpo y la Sangre, juntamente con el Alma y la Divinidad, de nuestro Señor Jesucristo y, por ende, Cristo entero; sino que dijere que solo está en él como en señal y figura o por su eficacia, sea anatema» (Concilio de Trento, sesión XIII, *Decreto sobre la Eucaristía*).

[3] Además de la fe, lo confirma la experiencia mística: «Mas acabando de recibir al Señor, pues tenéis la misma persona delante, procurad cerrar los ojos del cuerpo y abrir los del alma y miraros al corazón; que yo os digo, y otra vez lo digo y muchas lo querría decir, que si tomáis esta costumbre todas las veces que comulgareis, y procurad tener tal conciencia que os sea lícito gozar a menudo de este bien, que no viene tan disfrazado que, como he dicho, de muchas maneras no se dé a conocer, conforme al deseo que tenemos de verle. Y tanto lo podéis desear, que se os descubra del todo» (Santa Teresa de Jesús, *Camino de perfección*, c. 34, 12).

Otra vez me veo sumido en el misterio. No es que coma tu carne física, pero sí *tu Carne* según tu nuevo modo de Vida. ¿Hay *carne tuya* de Resucitado, en la Hostia? *En verdad os digo, si no coméis la carne del Hijo del hombre...*[4]. Sí, aunque no pueda sino balbucir el prodigio, rindiéndome ante tan estremecedora verdad. Y entonces te adoro, fiado en tu Palabra: *El que come mi carne...*[5].

Tú, también en tu realidad sensible, en tu carne, te revelas a los tuyos, «conforme al deseo que tenemos de verle», al decir de Teresa. Asegura ella que, si nuestro deseo es muy grande, Tú te nos descubrirás del todo. Ilusión de encuentro adelantado, de tu carne que veré en la eternidad. Ahora oculta, carne gestada, segundo a segundo, en el vientre inmaculado de María; dado a luz, amamantado, limpiado, protegido de las inclemencias... tu Cuerpo es como el mío, aunque sin las limitaciones del mío, porque ya es glorioso.

Que no me acostumbre al fuerte impacto de la Eucaristía: recibo tu Cuerpo, el mismo que tomaste al encarnarte: *Tú, Dios tienes un cuerpo.* Y yo lo toco, y tu Cuerpo me toca. Al entrar en contacto con mi lengua, entras en contacto con mi alma, porque mi alma está toda en todo mi cuerpo. Y, como el tacto es recíproco, Tú *sientes* también el modo en que se ha dado nuestro contacto. Percibes mi amor y mi finura al recibirte —o mi desamor, mi distracción, mi rutina, mi incredulidad...

---

[4] *Jn* 6, 53.
[5] *Id.,* 6, 54.

Reafirmo mi fe. A partir del *sí* de tu Madre me es dado asegurar algo que sonaría herético a los oídos de los justos de la Antigua Ley. Y sigue sonando herético, demencial, a los judíos de hoy, a los luteranos de hoy, a los musulmanes de hoy, a los católicos tibios de hoy: *Dios tiene carne*, y esa carne, ese Cuerpo —prodigio de los prodigios— es la que entra en contacto conmigo, por asimilación, al comulgar[6].

Un espíritu no tiene carne y huesos...

Si mi fe flaquea ante el prodigio, temo *protestantizarme.* Conjuraré el riesgo considerando tu Cuerpo en mi cuerpo. Tú, Resucitado, insististe a Tomás que aceptara tu corporeidad: *Acerca aquí tu dedo y mira mis manos; trae tu mano y métela en mi costado*[7].

---

[6] «Los católicos están acostumbrados a escuchar esta expresión: *comer* el Cuerpo de Cristo. Sin embargo, a una mujer convertida al catolicismo no le gustaba mucho esta particular expresión, aun cuando le hicieron ver que Jesús mismo la había utilizado. Frente a este argumento ella respondió: "El párroco de la iglesia a la que yo pertenecía explicaba la expresión de este modo: es una expresión metafórica para aceptar la fe que debemos rumiar, casi digerir en nuestras mentes". ¿Cómo se puede responder a tal objeción? Esta dificultad ya la tenían los que escucharon directamente la predicación de Jesús: "¿Cómo puede este darnos a comer su carne?" (Jn 6,52). La respuesta de Jesús es firme: "Os aseguro que, si no coméis la carne del hijo del hombre y no bebéis su sangre, no tendréis vida en vosotros. El que come mi carne y bebe mi sangre, tiene vida eterna, y yo lo resucitaré en el último día. Porque mi carne es verdadera comida y mi sangre verdadera bebida" (Jn 6,53-55)» (Tomás SPIDLIK, *El Evangelio dominical,* BAC, Madrid 2001, p. 201).

[7] *Jn* 20, 25.

Y después de Tomás a los docetas de todos los tiempos[8]. Quiero confesar hoy mi fe *en tu Cuerpo*.

Fue el sacrificio de tu Cuerpo, el desgarramiento de una carne, lo que nos dio la salvación. Y es también ahora, en el transcurrir de los siglos, lo que sigue dándonosla. El verdadero Cuerpo que he sumido, ese que misteriosamente ocultas en el Pan, es el conducto por el que me llega la salvación[9].

Eres Cuerpo. Tu Ser divino no está difuminado en una nube etérea: te has individualizado en carne, eres Alguien circunscrito en un Cuerpo. Cuerpo que permanece en cada Hostia y en cada partícula de ella, y en cada gota de vino consagrado, para tocarnos, para que te toquemos. Misterio incomprensible pero real. Cuerpo sacramentado, mas cuerpo al fin. Cuerpo gracias al cual mi fe no resulta evanescente, fe que pudiera deslizarse hacia los mitos del "siempre" y del "nunca". Mi comunión eucarística y mi confesión del "aquí" y del "ahora" presentes en las especies sacramentales, me aseguran que tengo en mí la realidad concreta de un Cuerpo, ya no mortal y pasible, sino adornado con las dotes de la inmortalidad. Y esa certeza me ancla en el más absoluto realismo: *Lo que hemos visto y oído, lo*

---

[8] Del verbo griego *dokein*, aparentar. La herejía doceta sostiene que el cuerpo de Jesús de Nazaret no fue una realidad carnal, sino apariencia de tal. Lo único real en Cristo —decían— sería lo divino, por lo que su Pasión fue aparente.

[9] «Los fieles conocen el Cuerpo de Cristo si no descuidan pertenecer a él. Vengan a ser el Cuerpo de Cristo, si quieren vivir del Espíritu de Cristo; porque nadie vive de su Espíritu si no forma parte de su Cuerpo» (San Agustín, *Tratado sobre el Evangelio de san Juan,* n. 13).

*que han palpado nuestras manos referentes al
Verbo de la Vida... os lo comunicamos*[10].

Ave verum Corpus natum de Maria Virgine

No solo las prácticas litúrgicas o las definiciones
dogmáticas reafirman mi convicción. También el
arte, la literatura, la música. Para esta invocación:
Cuerpo de Cristo, me resulta entrañable el himno
Ave verum. Porque me habla de tu Cuerpo y del de
tu Madre.

Ave verum Corpus natum de Maria Virgine.
¡Hermoso modo de saludarte! *Salve, Cuerpo
verdadero, nacido de María Virgen.* Me recuerda
el grito emocionado de aquella mujer que un día
alzó la voz gritándote: *¡Dichoso el seno que te llevó
y los pechos que te criaron!*[11]. Además, el himno
reafirma el poder salvífico de tu pasión y muerte,
actualizadas precisamente en la doble consagración:
Vere passum, immolatum, in cruce pro homine[12].

---

[10] *I Jn* 1, 3. «En la Eucaristía el Señor nos da su Cuerpo glorioso, no nos
da carne para comer en sentido biológico; se nos da Él mismo; lo nuevo
que es Él entra en nuestro ser hombres y mujeres, en el nuestro, en mi
ser como persona, y llega a nosotros con su ser, de modo que podemos
dejarnos penetrar con su presencia, transformarnos en su presencia. Es
un punto importante, porque así ya estamos en contacto con esta nueva
vida, este nuevo tipo de vida, ya que Él ha entrado en mí, y yo he salido
de mí y me extiendo hacia una nueva dimensión de vida (...) no se trata
de descifrar cosas que no podemos entender, sino de encaminarnos hacia la novedad que comienza, siempre de nuevo, en la Eucaristía» (Benedicto XVI, *Entrevista* en la televisión italiana, Viernes Santo de 2010).

[11] *Lc* 11, 27.

[12] Es significativo que el atributo divino de la belleza —en este caso,
de la belleza musical— esté presente en este tropo. Muchos composito-
res célebres lo han musicalizado. Quizá la más hermosa sea la de Mozart,

En la Hostia estás Tú, engendrado en el vientre de María. Cuerpo formado en ese seno purísimo. Porque eres Cuerpo procedente de carne humana, carne, sí... pero especial. Y es que la carne de la que procede tu Cuerpo —Carne que recibo al comulgar— es una Carne *concebida virginalmente* y, por tanto, goza de un valor excepcional. Es pura no solo por haber sido concebida sin intervención de varón, sino también porque proviene de una carne virginal, santísima, inmaculada. En tu concepción y en tu gestación, tu Cuerpo se formó de carne inimaginablemente pura, la de María, que viene a restaurar mi carne corrupta.

Al percatarme de que es Carne virginal la que recibo, me ayuda la reflexión de Ignacio de Antioquía: «Permaneced en castidad, para honrar la Carne del Señor»[13]. Es un pensamiento delicado. Me presenta la virtud de la castidad en clave doxológica: la castidad como *homenaje de alabanza* a tu Carne purísima. ¿En qué sentido? Quizá en el expresado por Pablo: «¿No sabéis que vuestros cuerpos son miembros de Cristo?»[14].

---

compuesta para su amigo Anton Stoll e interpretada por primera vez en la iglesia parroquial de Baden durante la solemnidad del Corpus Christi de 1791. El autógrafo de Mozart lleva fecha del 17 de junio de ese año. Además de Mozart, recordamos a William Byrd en el siglo XVI, a Charles Gounod, Gabriel Fauré y Franz Liszt en el XIX, a Edward William Elgar en el XX. El texto se emplea también en la ópera "Diálogos de Carmelitas" de Francis Poulenc. La versión de Mozart fue adaptada, de forma solo instrumental, por Tchaikovsky, como una de las secciones de su Mozartina, homenaje al músico austríaco. Una de las versiones más recientes (2008) es la de Karl Jenkins, director de orquesta británico, formando parte de su obra *Stabat Mater*.

[13] *Epist. ad Policarpum* 5, 1.

[14] *I Cor* 6, 15.

Nunca he sumido nada más santo, nada más puro. Como Teresa que, en una carta a su hermana Celina, inventa el verbo *virginizar*: «¿Y la Santísima Virgen? ¡Ah, Celina, escóndete a la sombra de su manto virginal para que Ella *te virginice*! ¡Es tan blanca y tan hermosa la pureza...!»[15].

De manera que tu Carne en la Hostia procede de carne inmaculada. Carne que *virginiza*. Luego de cada comunión, soy —también corporalmente—, más de María, más *virginal*.

---

[15] Santa Teresa de Lisieux, *Carta* 105 a Celina, 10 de mayo de 1889.

SÁLVAME

Tu Cuerpo me salva por contacto. Es el vehículo del que proviene la gracia. La comunicación de tu Vida divina es mediada, y lo es a través de tu Cuerpo. A veces curabas a distancia, como al siervo del centurión o a los leprosos que se veían limpios cuando se alejaban de Ti. También ahora otorgas gracias a distancia[1], pero prefieres hacerlo *por contacto*[2].

Podías —y de hecho lo haces—, otorgar gracias a alguien sin que toque tu Santísima Humanidad. Pero has tenido la delicadeza de hacerlo a través de encuentros sensibles, dada nuestra condición. Luego de la caída, nuestro equilibrio original se vio trastornado y como atado a las cosas materiales. Estas nos resultan tentadoras y, sin embargo,

---

[1] «El poder divino no está ligado a los sacramentos» (SANTO TOMÁS DE AQUINO, *Suma Teológica* III, q. 76, a. 6, ad 1).

[2] «Desde el instante de la Anunciación, desde que la Virgen dice *sí* y la Encarnación se realiza, Cristo fue constituido mediador de todas las gracias. Hasta entonces la gracia venía directamente de Dios y Dios la daba en consideración a los méritos futuros de la Pasión de Cristo; era crística *por anticipación*. En adelante todas esas gracias pasarán por la Santa Humanidad de Cristo, serán crísticas *por derivación*, de suerte que san Juan Damasceno podrá decir que la Humanidad de Cristo es el "órgano de la divinidad" y santo Tomás, "el instrumento unido a su Persona divina"» (Charles JOURNET, *Charlas acerca de la gracia,* Rialp, Madrid 1979, p, 42).

necesitamos de ellas para elevarnos. Por eso has dispuesto que tales realidades *peligrosas* sean también *medios de salvación*. En esto se resume el misterio de la sacramentalidad. De modo muy especial en el Pan, porque ahí está no solo un canal de gracia sino Tú, el mismo Autor de ella[3].

Ahora, en esta segunda invocación del *Ánima Christi*, me pasmo al considerar que ahí, en la Sagrada Comunión, soy salvado por *contacto físico* con tu Cuerpo real. Tu Humanidad es el vehículo: *salus carnis*[4]. Como el alma está toda en todo el cuerpo, el *contacto físico* con tu Cuerpo, informado por un Alma santísima, me produce una suerte de descarga eléctrica que me santificaría al instante.

Tu Cuerpo es mío... y el mío es Tuyo

Intentaré dar un paso más, buscando vislumbrar el prodigio de la unión de nuestros cuerpos. Me sirve pensar que *el tuyo es realmente mío*. Sí, y eso —que sea realmente mío— no se parece a las demás cosas que son mías. Aunque diga que el reloj es mío, o que

---

[3] «Por este Cuerpo [de Cristo] no soy ya tierra y ceniza, ya no soy ya cautivo sino libre. Por él espero el cielo y todos sus bienes: la vida eterna, la suerte de los ángeles, el trato familiar con Cristo; a este Cuerpo atravesado con clavos, herido con azotes, no se lo llevó la muerte. Hasta el sol, al ver este Cuerpo crucificado, desvió sus rayos; por él se rasgó entonces el velo, se rompieron las piedras, y tembló toda la tierra; este es aquel Cuerpo que fue ensangrentado, herido por la lanza, y que hizo brotar para todo el mundo las fuentes de la salvación: una de sangre y otra de agua. ¿Quieres más argumentos para conocer la fuerza de este Cuerpo?» (San Juan Crisóstomo, *In Epistolam I ad Corinthios homiliae* 24, 4).

[4] Expresión de san Ireneo de Lyon: *La salvación de la carne* (*Adv. Haer.*, V, 1-14).

lo es una casa o un automóvil, no lo son en sentido estricto. Los poseo un tiempo, los uso, pero después, por una u otra razón, dejan de pertenecerme. Tampoco es mío un amigo, una enamorada, un padre o un hijo. Puedo tener su afecto, su cercanía, su comprensión, su sangre. Pero al final acabo estando tan solo como al principio.

No así tratándose de tu Cuerpo, que *sí es mío*. Y no solo por afecto o cercanía —como pertenencia emotiva—, sino por la realidad de tu Ser personal. *Tú sí estás en mí*, habitándome, tanto en tu presencia corporal cuando te recibo en la Hostia como por tu gracia santificante que me es infundida. Y esas presencias distan mucho de ser pasivas: Tú te vas haciendo *más y más yo*, en la medida de mi fe y de mi amor, tanto en la recepción sacramental como en la oración unitiva.

Pero en realidad digo mal: no es que *yo haga mío* tu Cuerpo adorable, sino que tu Cuerpo adorable *me asimila a* él. Cuando dos fuerzas se encuentran, la mayor absorbe o integra en sí a la inferior, como el fuego al madero, el océano a la gota, la hoguera a la chispa. En mí, tu Cuerpo me salva, asumiéndome a Ti. Tu Carne, tu Carne humana, ha sido el instrumento de mi Redención, y a ella me asimilas. *¡Cuerpo de Cristo, sálvame!* Puedes hacerlo porque *me ha asumido* tu Cuerpo glorificado que salió del sepulcro... y que ha tenido la gentileza de dejar que lo coma, para en realidad... *comerme*.

Cuerpo de Cristo, sálvame de la corrupción de mi carne

Habiendo asimilado tu Cuerpo en mi cuerpo mortal, tengo la certeza de que mi carne no permanecerá disuelta para siempre en el *humus*. No añadirá polvo a las arenas del desierto. Participa ya desde ahora de tu gloria de Resucitado. Con la recepción de tu Cuerpo, el mío va adquiriendo las características de los cuerpos gloriosos, aunque no lo perciba. Solo así resucitaré, igual que Tú resucitaste. Porque estoy recibiendo, en cada comunión, tu mismo Cuerpo de Resucitado, con las dotes y propiedades de la gloria. Me las va comunicando en la medida de mis disposiciones: *El que come mi carne y bebe mi sangre, tiene vida eterna*[5].

Cuerpo de Cristo, sálvame. Mis células se van transformando en tus células, mi carne en tu carne, mis huesos en tus huesos, hasta que, también corporalmente —sin que pierda mi singularidad— sea yo verdaderamente tu Cuerpo: *Ustedes son el Cuerpo de Cristo, y sus miembros cada uno por su parte*[6]. En la consumación final tendrá su cumplimiento: *Dios será todo en todos*[7].

De manera que tu Cuerpo no solo me salva del pecado, sino también de la corrupción de mi cuerpo. Y lo hace no por designio extrínseco de tu Voluntad, sino por unión, por asimilación, porque tu Cuerpo

---

[5] *Jn* 6, 54.

[6] *I Cor* 12, 27.

[7] *Id.*, 15, 28.

me ha hecho parte de Él, integrándome en tu único Ser corpóreo.

¿Entiendo el prodigio? No. ¿Puedo comprobarlo? Tampoco. Pero intentaré creerlo, y desear la integración de mi cuerpo al tuyo glorificado. Es mi antídoto de inmortalidad.

Cuerpo de Cristo, sálvame… de mis males

No te pido en esta plegaria —al menos no principalmente— la salvación de mis males físicos, que muchas veces serán purificación y merecimiento. Buenos, porque vienen de Ti. Lo que te pido es que me salves de los males que proceden de mí. Que me salves de las miserias que provoca mi naturaleza herida, mi mente enferma, mi masa cerebral debilitada a fuerza de olvidar que está colmada de tu Espíritu. Que me salves del maligno, de mis ideas obsesivas, de mis manías, de mi desparramamiento interior. El Espíritu Santo, presente en tu Cuerpo eucarístico, está todo en todo tu Cuerpo y en cada parte de él.

Sálvame, Cuerpo de Cristo, de la desconfianza que me ha impedido ser poseído plenamente por Ti.
Ahora, en esta Hostia en que te tengo, haz el prodigio.
Sálvame, Cuerpo de Cristo, de mis pasiones desbocadas, de mis trastornos mentales, de mis neurosis, de la somatización de aquellas situaciones que, amándolas, podrían llevarme a Ti…
Sálvame del malo…

Tu Cuerpo, misteriosamente oculto en las especies sacramentales, me invita a la contemplación. Percibo en la Hostia el mismo Cuerpo que se dejó ver en nuestras sendas, el mismo que ahora está a la derecha del Padre. Y que me salva cuando entro en contacto con Él: *ontológicamente* al recibirte, *psicológicamente* al contemplarte[8].

Cuerpo de Cristo, sálvame, y hazlo también por la contemplación de tu Rostro. Porque se trata del Rostro del más hermoso de los hijos de los hombres. Si Teresa vio tus Manos traspasadas y quedó extasiada[9], ¿qué supondrá, en mi contemplación, advertir que tengo en mí tu completa Humanidad?[10]

Contemplar tu Rostro. Entonces podré experimentar tu salvación. Intentaré advertirte al dirigir a Ti mi mirada contemplativa, al tiempo que observo clavada en mí tu

SÁLVAME

---

[8] «Para el cristiano todo depende de que la imagen del Señor viva en él con su fuerza originaria o esté, más bien, gastada y pálida. Muchas objeciones contra Cristo proceden, en definitiva, de que su figura no brilla en el espíritu de los creyentes y el corazón de estos no se halla conmovido de forma viva por ella. Si el Señor apareciera con toda su fuerza ante la mirada interior de los fieles y el corazón de estos estuviera enfervorizado por un conocimiento íntimo de Él, mucho de lo que se dice en contra suya no podría decirse» (Romano GUARDINI, *La imagen de Jesús en el Nuevo Testamento,* en *Obras de Guardini,* tomo III, Cristiandad, Madrid 1981, p. 235).

[9] «Estando un día en oración, quiso el Señor mostrarme solas las manos con tan grandísima hermosura, que no lo podía yo encarecer» (SANTA TERESA DE JESÚS, *Vida* 28, 1).

[10] «No se trata de multiplicar las devociones. Se trata de guardar silencio y de adorar. Se trata de arrodillarse... si no reclinamos como san Juan nuestra cabeza sobre el corazón de Cristo, no tendremos la fuerza de seguirlo hasta la cruz. Si no dedicamos tiempo a escuchar los latidos del corazón de nuestro Dios, lo abandonaremos, lo traicionaremos como hicieron los apóstoles» (Robert SARAH, *Se hace tarde y anochece*, Palabra, Madrid 2020, Prólogo).

*Mirada. Y quizá me sirva cerrar los ojos al comulgar,
buscando el apoyo de mi imaginación para lograr el in-
tercambio de miradas, pues desde la Hostia me diriges
tu mirada humana, que es mirada de Dios[11].*

*Y, junto a tu mirada dulce, advertiré tu noble Cabeza
con las huellas de espinas, y tus Llagas abiertas. Y tu
costado traspasado por la lanza, que alcanzó a abrir
también tu Corazón. Ahí, en el pequeño círculo blanco
que he sumido, está el amabilísimo Corazón de mi
Redentor.*

[11] «Cuando Jesús mira a un alma, inmediatamente le da su parecido divino, pero es necesario que esa alma no cese de fijar solo en Él sus miradas» (Santa Teresa de Lisieux, *Carta* a Celina, 26-VI-1892).

SANGRE DE CRISTO

A veces pierdo de vista que en tu Hostia está también tu Sangre. Quizá por eso la Iglesia cambió el nombre de Solemnidad del *Corpus Christi* a *Corpus et Sanguis Christi*. Como si quisiera resaltar que, con el regalo de tu Carne, nos das, inseparablemente, el de tu Sangre[1]. Tu Sangre hipostáticamente unida a tu divinidad[2].

Ver sangre impresiona, sobre todo si mana profusamente de un cuerpo herido. Tú me donas toda la tuya. Cuatro y medio o cinco litros, desde la vertida en Getsemaní hasta la del Calvario y, a partir de tu Resurrección, asumida de nuevo en la perfección de tu naturaleza humana.

No quiero soslayar tu generosidad. Valga la comparación: a veces un enfermo necesita sangre, y sus familiares o el personal sanitario buscan donadores, y responder es solidario. Donar... hasta un cuarto de litro. El enfermo vivirá con sangre de

---

[1] «Si alguno negare que en el Santísimo Sacramento de la Eucaristía se contiene verdadera, real y sustancialmente el Cuerpo y la Sangre de nuestro Señor Jesucristo... sea anatema» (CONCILIO DE TRENTO, sesión XIII, *Decreto sobre la Eucaristía*).

[2] «Oh Deidad eterna, oh, eterna Trinidad, que por la unión de la naturaleza humana diste tanto valor a la Sangre de tu Hijo unigénito» (SANTA CATALINA DE SIENA, *El Diálogo*, cap. 167, *Gratiarum actio ad Trinitatem*).

otro, vivirá, en cierto sentido, con algo de la vida de otro. Pero ¡recibir toda una Sangre! ¡La Preciosísima Sangre de mi Redentor! ¡En ella me comunicas no un poco de tu vida, sino toda ella! Me pasmo, sintiéndome dichoso al saberme vivificados por la Sangre del Hombre-Dios.

De manera que, al sumir cualquiera de las especies eucarísticas, confieso mi fe: te recibo a ti, Cristo entero, *todo* tu Cuerpo... y *toda* tu Sangre.

Una y la misma es la Sangre que bulle en mis venas

Me remito ahora a la categoría bíblica de Alianza, cuando tu Padre pactó con Moisés. A la pregunta de este, el pueblo aseguró que harían todo lo que Yahvé le mandara. Ofrecieron holocaustos y, con esa sangre, el caudillo roció al pueblo diciéndole: «Esta es la sangre de la alianza que Yahvé ha hecho con vosotros»[3]. Ahora pactas Tú conmigo una alianza nueva: *Esta es mi Sangre, sangre de la alianza*[4]. Ya no porque me rocíen con sangre de animales, sino porque bebo tu Sangre Preciosísima. Haz hecho conmigo un pacto nuevo, una alianza personalísima y ya no extrínseca, sino en mis mismas venas: es ahora tu Sangre la que corre por ellas. Has hecho conmigo un pacto de sangre.

Tomad y bebed... mi Sangre. No se trata, pues, de una figura poética o de un mito extraño, sino de

---

[3] *Ex* 28, 4.
[4] *Mc* 14, 24.

una verdad que supera toda imaginación. Tú eres la vid; yo, el sarmiento. Cuando te recibo con actitud de íntima abnegación, tu Sangre caliente y gloriosa circula por mis venas. ¿Quién comprenderá esta íntima unión que me diviniza?

Beber tu Sangre hará posible mi transformación en Ti. Pero conlleva una interpelación: que mi existencia se explique tan solo por la continuada unión con tu Sangre. Quiero permanecer en la incontestable verdad de ser uno contigo *por consanguineidad*, no por mera unidad extrínseca. Sé que, al comulgar, una y la misma es la Sangre que bulle por tus venas y por las mías. Tú te haces Sangre y, a través de ese milagro, puedo permanecer en Ti. Y en ese *per-manere* —en el hecho de que te hayas hecho uno en mí al compartirme tu Sangre, en el hecho de que Vid y sarmientos seamos un solo viviente—, encontraré la felicidad[5].

---

[5] El obispo Metodio, refiriéndose a santa Águeda, decía a sus feligreses: «Una virgen que, con la lámpara siempre encendida, enrojecía y embellecía sus labios, mejillas y lengua con la púrpura de la Sangre del verdadero y divino Cordero» (*Ex Oratione sancti Methodi Siculi episcopi in sancta Agatham*; *Analecta Bollandiana* 68, 76-78). Gabriela Bossis, el 4 de junio de 1938, Solemnidad del Sagrado Corazón, oía a Jesús: «Toma mi Sangre, esa Sangre que tengo sed de darte... Toma mi Sangre en mi Corazón» (*Él y yo*, n. 141).

EMBRIÁGAME

*Christusque nobis sit cibus
potusque noster sit fides;
laeti bibamus
sobriam ebrietatem Spiritus*[1].

Quiero rezar esta tercera aspiración uniéndome
a la mística de tu Sangre, porque en ella anhelo la
ebrietas[2]. *Purificar* y *salvar*, efectos de beber tu
Sangre, no me son suficientes. Hoy quiero romper
mis propios moldes y por eso intento que la
transformación realizada por tu Sangre me produzca
un verdadero éxtasis. En el desierto multiplicaste
los panes para alimentar a tus seguidores; en Caná,
multiplicaste el vino para alegría de los convidados.
Quizá pensabas en las palabras del salmo: *El vino*

---

[1] «Y Cristo será nuestro Alimento / la fe nuestra bebida / embriaguémonos con gozo / en la sobria efusión del Espíritu» (San Ambrosio,
Splendor Paternae gloriae, Himno de Laudes, feria II, 1.ª semana).

[2] Aristóteles habla de *in medio virtus*: la virtud estaría en el equilibrio, en la medida. Santo Tomás de Aquino, al tratar de la Eucaristía,
no habla de la *mediocritas* sino de la *ebrietas*, de perder la mesura, de
un gozo que es desatino: «La fuerza de este sacramento no solo sustenta espiritualmente al alma, sino que al mismo tiempo la deleita y
en cierto modo la embriaga con la dulzura de la bondad divina, según
aquellas palabras del *Cantar* (5, 1) "comed, amigos, bebed y embriagaos,
carísimos..."» (*Ex virtute huius Sacramenti anima spiritualiter reficitur,
et delectatur, et quodammodo inebriatur dulcedine bonitatis divinae,
secundum illud: 'Comedite, amici, et bibite, et inebriamini* charisimi'; S.
Th. III, q. 79, a. 1, ad 2).

que alegra el corazón del hombre[3]. Tu Padre creó el vino para animar la convivencia humana y, en tu Eucaristía, nos das tu Sangre para alegrarnos con la alegría del amor. Tanta es la alegría que se vuelve embriaguez: *Sanguis Christi, inebria me, Sangre de Cristo, embriágame de alegría*[4].

De manera que tu Sangre tiene capacidad de *privarme de mí mismo* para trastornar mi ser íntimo y producirme éxtasis. Tal fuerza tiene tu Sangre que puede suspender mis sentidos. Teresa de Ávila confiesa que el amor que le tienes "a mí me espanta y me desatina"[5]. El amor contenido en tu Sangre es capaz de hacerme desvariar, perder mi juicio, andar trastornado, dejando de lo sensato y la mesura. En definitiva, me enferma de mal de amor.

Todo surge como efecto de tu promesa: *Quien come mi Carne y bebe mi Sangre permanece en Mí, y Yo en él*[6]. Podrías, en cada comunión, otorgarme tal inhesión que me despojara de mí para ser poseído por Ti. En tu Sangre confluye toda mi historia de salvación. Y de felicidad, porque ahí se da la fusión, efecto del Amor infinito[7].

---

[3] *Vinum quod laetificat cor hominis* (*Sal* 104, 15).

[4] "Embriaguémonos con esta preciosa Sangre... Esta Sangre quita toda pena y da todo deleite; priva al hombre de sí mismo y lo hace encontrarse con Dios..." (SANTA CATALINA DE SIENA, *Cartas* 57 y 58).

[5] *Medit. sobre Cantares* 1, 7.

[6] *Jn* 6, 56.

[7] La embriaguez con la Sangre es, para Catalina, remedio universal: «Anegaos, pues, en la Sangre de Cristo crucificado, bañaos en la Sangre, y embriagaos con la Sangre, y saciaos en la Sangre, vestíos en la Sangre. Y, si hubieseis sido infiel, rebautizaos en la Sangre; si el demonio hubiese ofuscado los ojos de la inteligencia, laváoslos con la Sangre; si hubiereis caído en la ingratitud por los dones recibidos, agradeced en la Sangre; si

Pero beber tu Sangre, embriagarme con tu Sangre, dejarme trastornar por ella, es un desafío. En tu Sangre se resumen las instancias y las esperanzas, los caminos y los modos según los cuales yo —y la humanidad entera— estamos llamados a responder: *Amad tal como habéis sido amados*[8]. El regalo de tu Sangre hace posible a los santos derramar la suya en entrega incondicional. Ellos la han contemplado manando de tus heridas de Crucificado y han podido ofrecerte, día a día, la propia.

Y yo con ellos, con los místicos de la Sangre —Ángela de Foligno, Taulero, Teresa de Ávila, Pablo de la Cruz, José del Búfalo, Teresa del Niño Jesús, Gema Galgani y tantos otros— quizá pueda comprender algo menos mal las dimensiones y las urgencias de un Amor inmolado. Y quizá me anime a ofrendarme. Entenderé —como lo entendieron ellos— que la Iglesia es un jardín regado con sangre, la tuya y la de quienes se unen a Ti Crucificado[9].

---

fueseis pastor vil y sin el cayado de la justicia, temperada con prudencia y misericordia, sacadlo de la Sangre... Diluid en la Sangre la tibieza y caigan las tinieblas en la luz de la Sangre... de nuevo quiero vestirme con la Sangre y despojarme de toda otra vestidura que me hubiera propuesto como fin hasta ahora. Yo quiero Sangre; y en la Sangre satisfago y satisfaré mi alma. Estaba engañada cuando buscaba la satisfacción en las criaturas... Quiero acompañarme con la Sangre; y así encontraré la Sangre y las criaturas y beberé su afecto y su Amor en la Sangre» (SANTA CATALINA DE SIENA, *Carta* 102, al beato Raymundo de Capúa).

[8] *Jn* 13, 34.

[9] Catalina asegura que Jesús le reveló su deseo: «... [que todos nos veamos] inmersos en la Sangre de Cristo crucificado, Sangre que embriaga, fortalece, calienta, ilumina el alma con la verdad...» (*Carta* a fray Tomás della Fonte).

En el *Cantar* dice la Esposa: *Me condujo a la bodega del vino, enarbolando sobre mí el pendón del amor*[10]. Bienaventurado Tú, Crucificado, con tu corazón abierto por la lanza del soldado. Bienaventurado porque es tu Corazón una nieve sin pisar y, al mismo tiempo, una hoguera. Cuando te atravesaron con la lanza, *brotó sangre y agua*[11]. Desde entonces, de esa herida irrestañable, han bebido todos los grandes amadores, y todos los que desean serlo[12].

---

[10] *Cant* 2, 4. «Enarbolando sobre mí el pendón del amor»: literalmente, «y su bandera sobre mí es el amor». San Gregorio de Nisa comenta: «la comunión [eucarística] es la bodega, donde el alma queda a tal grado embriagada de amor divino que la hace enloquecer y perder de vista todas las cosas creadas. Esto significa aquel languidecer de amor del que a continuación nos habla la esposa: *reanimadme con manzanas, porque estoy enferma de amor*» (Cit. en San Alfonso M. de Ligorio, *Práctica del amor a Jesucristo*, c. 2).

[11] *Jn* 19, 34.

[12] «Mirando la sangre de Cristo, nos convertimos cada vez más profundamente a su amor» (Joseph Ratzinger, *El camino pascual,* BAC, Madrid 2005, p. 69).

AGUA DEL COSTADO DE CRISTO

Sacaréis agua con gozo de la fuente de salvación
Isaías 12, 3.

Si alguno tiene sed, venga a Mí y beba,
el que crea en Mí. Como dice la Escritura:
de su seno correrán ríos de agua viva
Juan 7, 37-38.

El Espíritu y la Novia dicen: "¡Ven!" Y el que oiga, diga:
"¡Ven"' Y el que tenga sed, que se acerque,
y el que quiera reciba gratis el agua de vida
Apocalipsis 22, 17.

El designio de tu Padre hizo que se cumpliera la ley mosaica: no debía dejarse tu cadáver crucificado durante la noche[1]. En tu caso, la prescripción resultaba aún más apremiante: el día siguiente, sábado, era el más solemne de todos. Había, pues, que apresurar el desenlace: romper las piernas de los crucificados para que murieran de asfixia al no poder sostenerse.

---

[1] «Si alguno comete un crimen por el que merezca la muerte y lo ajusticiáis colgándolo de un madero, no dejéis que su cuerpo pase la noche expuesto en el patíbulo; enterradlo sin falta el mismo día» (*Dt* 21, 22-23).

Contigo no hubo necesidad de tan cruel procedimiento. Cuando los ejecutores llegaron a Ti, te encontraron muerto. Se cumplía un oráculo: al Cordero Pascual no se le debía romper ningún hueso[2]. Sabías que, a continuación, un soldado te atravesaría el costado con una lanza. Se cumplía otro oráculo: *Me mirarán a mí, al que traspasaron*[3]. Y fue así como, de la misteriosa fuente de tu costado, manó sangre y agua: *Uno de los soldados le abrió el costado con su lanza, y al instante salió sangre y agua*[4].

El agua de tu costado no es signo de muerte, sino de Vida. Vida que donas por medio de tu Espíritu a la Iglesia, engendrada en el Bautismo y nutrida con tu Sangre en la Eucaristía. Quizá por eso el verbo empleado por el apóstol no fue *golpeó* ni *hirió*, sino *abrió*[5]. Nos has abierto los cauces de la Vida.

El agua de tu costado es la señal definitiva para comunicarnos tu Vida[6]. El agua, universalmente reconocida como inseparable de la vida, fluyendo de tu costado, genera Vida en plenitud.

---

[2] Cf. *Nm* 9, 12.

[3] *Zac* 12, 10.

[4] *Jn* 19, 34.

[5] San Agustín, por ejemplo, dice: «[El Evangelista] no ha dicho: golpeado, herido en su costado, o cualquier palabra semejante. Ha dicho: *abrió*, para indicar que en el costado de Cristo fue abierta la puerta de la vida, de donde fluyen los sacramentos de la Iglesia» (*In Ioannis Evangelium tractatus*).

[6] «Este [Jesús] es el que vino por el agua y por la sangre: Jesucristo; no solamente en el agua, sino en el agua y en la sangre» (*I Jn* 5, 6).

Pero, si ya en el Bautismo tenía yo esa agua, ¿por qué también al comulgar, recibo el *aqua lateris Christi?*

Sé que han sido diversos los intentos de explicar el simbolismo del agua que mana de tu costado. Uno, la gota que se vierte en el vino para que se convierta en tu Sangre: nosotros somos esa minúscula gota, llamados a perdernos en el vino de tu divinidad. Otro simbolismo: el del Bautismo[7].

En cualquier caso, el manar de sangre y agua pone ante nuestros ojos una entrega absoluta de Crucificado. Te desposees, también como cadáver, de los últimos vestigios de aquello que ha constituido tu vida. Si salió agua es porque ya no quedaba Sangre. Tu Eucaristía es el sacramento de tu Pasión[8], y lo que ocurrió entonces implica tu consunción, la completa oblación del Hijo de Dios, ya del todo exangüe. El suero que mana de tu Corazón es el líquido residual luego de haberse

---

[7] «*Del costado salió sangre y agua.* No quiero, amable oyente, que pases con indiferencia ante tan gran misterio pues me falta explicarte aún otra interpretación mística. He dicho que esta agua y esta sangre eran símbolos del Bautismo y de la Eucaristía. Pues bien, con estos dos sacramentos se edifica la Iglesia: con el agua de la regeneración y con la renovación del Espíritu Santo, es decir, con el Bautismo y la Eucaristía, que han brotado ambas del costado. Del costado de Jesús se formó, pues, la Iglesia, como del costado de Adán fue formada Eva. Por esta misma razón, afirma san Pablo: *Somos miembros de su cuerpo, formados de sus huesos,* aludiendo al costado de Cristo. Pues del mismo modo que hizo a la mujer del costado de Adán, de igual manera Jesucristo nos dio el agua y la sangre salida de su costado para edificar la Iglesia. Y de la misma manera que entonces Dios tomó la costilla de Adán mientras este dormía, así también nos dio el agua y la sangre después que Cristo hubo muerto» (San Juan Crisóstomo, *Catequesis* 3, 13-19: SC 50, 174-177).

[8] «La Eucaristía es el sacramento de la Pasión de Cristo en cuanto perfecciona al hombre en su unión a Cristo crucificado» (Santo Tomás de Aquino, *Suma Teológica* III, q. 73, 3, 3).

vaciado completamente la Sangre que lo llenaba. Me sorprendes hasta el final. Me entregas todo: tu Cuerpo, tu Sangre, y el Agua que expresa tu consunción[9].

---

[9] «En el Corazón traspasado contemplamos la obediencia filial de Jesús al Padre, cuya misión Él realizó con valentía (cf. *Jn* 19, 30) y su amor fraterno hacia los hombres, a quienes Él "amó hasta el extremo" (*Jn* 13, 1), es decir, hasta el extremo sacrificio de Sí mismo. El Corazón traspasado de Jesús es el signo de la totalidad de este amor en dirección vertical y horizontal, como los dos brazos de la cruz» (San Juan Pablo II, Ángelus, 30 de julio de 1989).

LÁVAME

Aquel día habrá una fuente abierta
para la casa de Judá, y para los habitantes
de Jerusalén, para lavar el pecado y la impureza.
Zacarías 13, 1.

¡Oh, que río tan admirable que lava la tierra,
el mar, los astros y el mundo!
Himno *Crux fidelis*.

Con el agua del Bautismo nos limpias tan hondamente que nos regeneras. Ahora, al comulgar, vuelvo a recibir una limpieza vitalizadora en el agua que brota de tu costado[1].

Es así como mi santificación podría potenciarse al infinito. Me bastaría recibir una sola vez la Eucaristía —con óptimas disposiciones— para obtener la total regeneración purificadora. Porque hay una,

---

[1] Es el agua de la visión de Ezequiel, vaticinando la corriente vivificadora del Corazón del Señor, único y verdadero templo: «He aquí que debajo del templo salía agua hacia el oriente» (*Ezequiel* 47, 1). *Debajo* del templo de su Corazón; *hacia el oriente*, donde todo renace. Y entonces, nos invita san Buenaventura, «aplica tus labios para que bebas del agua de la fuente del Salvador. Porque esta es la fuente que mana en medio del paraíso y, dividido en cuatro ríos que se derraman en los corazones amantes, riega y fecunda toda la tierra. Corre con vivo deseo a esta fuente de vida quienquiera que seas, ¡oh alma amante de Dios!» (SAN BUENAVENTURA, *Opúsculo* 3, *El árbol de la vida* 30, *Opera omnia* 8, 79).

solo un agua capaz de erradicar hasta lo más hondo cualquier imperfección. Agua que brota de manantial incontaminado, puro sobre toda pureza: el agua que recibo al comulgar[2].

Pero ¿qué novedad purificadora me comunica la recepción de la Eucaristía? Sin duda la de mis faltas cotidianas, que cada día me enferman, acercándome al peligro de morir[3].

¡Qué numerosas son mis faltas cotidianas! Sin duda más que las bacterias que pueblan mis manos. Y estas las lavo varias veces al día, a pesar de no advertir los gérmenes de muerte. Los gérmenes producidos por mis faltas cotidianas desaparecen gracias al agua de tu Costado, presente en el Sacramento. Cada día, el comulgar, se volatiliza la suma de mis pecados veniales y de mis imperfecciones cometidas las veinticuatro horas anteriores. Con ella quedo libre de virus y bacterias.

---

[2] Es otra vez san Buenaventura quien se extasía ante el prodigio: «¡Oh eterno e inaccesible, claro y dulce manantial de la fuente oculta a los ojos mortales, cuya profundidad es sin fondo, cuya altura es sin término, su anchura ilimitada y su pureza imperturbable! De ti procede el río que alegra la ciudad de Dios. Recrea con el agua de este deseable torrente los resecos labios de los sedientos de amor, para que con voz de regocijo y gratitud te cantemos himnos de alabanza» (SAN BUENAVENTURA, *lb.*).

[3] El Concilio de Trento enseña que «nuestro Salvador, cuando estaba para salir de este mundo al Padre, instituyó este sacramento... como antídoto por el que somos liberados de las culpas cotidianas» (SESIÓN XIII (11 de octubre de 1551), *Decreto sobre la Eucaristía, Dz.* 1683).

Otra óptica podría descubrir en esta cuarta invocación del *Ánima Christi*. Porque hay muertes de las que —como tu muerte, Señor— fluye también sangre y agua. Pero ¿qué significa eso? ¿Muertes de las que fluye no solo sangre, sino también agua?

Después de que moriste, quienes te amaban experimentaron tu deceso de modo paradójico. Sin duda sufrían un gran dolor —siendo, como fue, una muerte terrible y desgarradora—, pero también fue una muerte liberadora. Especialmente para tus íntimos, y en particular para tu Madre. Ellos comprendieron el *todo está cumplido*[4]. Su angustiosa espera había llegado a su culminación[5].

He acompañado algunas muertes en las que, como la tuya, mana sangre y agua. He experimentado cómo brota sangre y agua del ataúd de alguien muy querido. De alguien que convirtió su muerte en el último regalo, porque había hecho de su vida un continuo regalo. Entonces salí de la cámara mortuoria con profunda tristeza, pero también, aunque parezca extraño, más libre, más abierto a la vida y al amor, más profundamente agradecido y como liberado del sentimiento flotante de culpa que podría robarme la alegría de Dios. Algo semejante

---

[4] *Jn* 19, 30.

[5] «Blanca como un cirio / pura como un lirio, / la Virgen camina, / llevando en sus brazos / cual rayo de luz / al Niño Jesús. / Cuando Simeón / ve a Cristo en Sion, / lo toma y le mira, / y canta y suspira. / María: ¡qué espada / de pena y dolor / herirá tu amor! / La Virgen María, / después de aquel día, / miraba a Jesús, / entre dos ladrones, / clavado en la Cruz» (Jacinto VERDAGUER, "Blanca como un cirio").

experimentó Celina Martin pocos minutos después del fallecimiento de su hermana Teresa. La había acompañado durante los largos meses de su terrible agonía, y «acababa apenas de expirar cuando sentí roto mi corazón de dolor, y salí precipitadamente fuera de la enfermería. Me parecía, en mi ingenuidad, que la iba a ver en el cielo, pero el firmamento estaba cubierto de nubes; llovía. Entonces, apoyándome en uno de los pilares de la arcada del claustro, dije sollozando: "Si por lo menos hubiese estrellas en el cielo". Acababa apenas de pronunciar estas palabras cuando el cielo se volvió sereno, brillaron las estrellas en el firmamento, ya no había nubes»[6].

Seguiré el consejo de san Juan Pablo II: «Que María nos guíe para sacar cada vez más abundantemente el agua de los manantiales de gracia que fluyen del Corazón atravesado de Cristo»[7]. Porque tú, Señor, eres *Fons vitae*, como me recuerdan los santos:

Bebe de Cristo, porque Él es la roca donde brota el agua.
Bebe de Cristo, porque Él es la fuente de vida.
Bebe de Cristo, porque Él es el río cuya corriente trae alegría a la ciudad de Dios.
Bebe de Cristo, porque Él es paz.
Bebe de Cristo, porque de su seno corren ríos de agua viva[8].

[6] *Consejos y recuerdos* de sor Genoveva de la Santa Faz.

[7] San Juan Pablo II, Ángelus, 30 de julio 1989.

[8] San Ambrosio, *Explanatio Psalmorum* 1,33.

PASIÓN DE CRISTO

La Eucaristía es el sacramento de la Pasión de Cristo en cuanto perfecciona al hombre en su unión a Cristo crucificado
Santo Tomás de Aquino[1].

¿Por qué invoco ahora, en el *Ánima Christi*, tu Sagrada Pasión? Si acabo de comulgar, ¿no debería más bien referirme al momento de la institución del Sacramento?

Quizá me dirías que invoco tu Pasión porque acabo de presenciarla. En tu Sacrificio del Altar —que es el mismo del Calvario[2]—, se confeccionó la Hostia que ahora he sumido. La Sagrada Eucaristía proclama el valor universal y absoluto de tu Holocausto que, sucedido en la historia, prosigue gloriosamente su inagotable eficacia salvífica en todo tiempo y lugar.

La memoria eucarística es la presencia continua de tu señorío de Crucificado, fuente incesante del Espíritu. Signo de tu irrefrenable Amor entregado

---

[1] *Suma Teológica* III, q. 73, 3, 3.

[2] «...el sacrificio de Cristo y el sacrificio de la Eucaristía son, pues, un único sacrificio» (*Catecismo de la Iglesia Católica,* n. 1367).

al Padre y a nosotros. Sé que la Iglesia, consciente de nacer de tu Sacrificio, centra en la Misa su acción cultual. Y por eso ahora yo, luego de comulgarte recién crucificado, invoco tu Pasión[3].

Tu Pasión es la síntesis y la convergencia del misterio cristiano. Veo en ella el centro en el que se *anudan* todos los dogmas de mi fe[4]: tu esencia de Dios-Amor, tu Encarnación, la Maternidad divina, tu Redención, las postrimerías, la eclesiología, la santificación por el Espíritu, la gracia, la misericordia…, y también mi propia identidad de ser creado para la unión indefectible con un Dios-Amor. Por eso, cuando tu Sacrificio se actualiza en la Eucaristía, intuyo esa cohesión recíproca e inseparable de la completa ortodoxia cristiana. Es ahí, en la Eucaristía, donde resultan iluminados todos los misterios de mi fe. Y al revés, cuando esa ortodoxia se me oscurece, la decadencia de mi fe, la pérdida de su perspicuidad, se reflejan en mi fervor eucarístico.

---

[3] «¡Mira quién es Dios! ¡Comprende lo que es esta Misa! ¡Mira a Cristo aquí en la Cruz! ¡Mira sus heridas, sus manos desgarradas; mira cómo el Rey de la gloria está coronado de espinas! ¿Sabes lo que es el amor? Aquí está el Amor. Aquí, en esta Cruz; aquí está el Amor soportando estos clavos, estas espinas, esta disciplina cargada de plomo, desgarrado, desangrándose a causa de tus pecados y por culpa de aquellos que nunca lo conocerán, nunca pensarán en Él y nunca recordarán su sacrificio. ¡Aprende de Él a amar a Dios y a amar a los hombres! ¡Aprende de esta Cruz y de este Amor a entregarle tu vida!» (Thomas MERTON, cit. en *Incienso quemado*, M. RAYMOND, Herder, Barcelona 1998, p. 11).

[4] «Celebramos la Sagrada Eucaristía, el sacrificio sacramental del Cuerpo y de la Sangre del Señor, ese misterio de fe que anuda en sí todos los misterios del cristianismo» (SAN JOSEMARÍA ESCRIVÁ, *Conversaciones* n. 113).

Por eso ahora, al rezar esta estrofa del *Ánima Christi*, invoco tu Misterio Pascual. Al rezarla luego de la Misa me percato de que vengo del único y eterno Sacrificio. La Hostia que está en mí es tu Cuerpo destrozado en la Pasión; la Sangre que he bebido es la misma que se derramó desde Getsemaní hasta la última gota que brotó de tu Costado abierto. Y es, al mismo tiempo, una Oblación consumada. Tú, Crucificado, descansas en los brazos de tu Madre como descansas en mi pecho al comulgar: *Oh, Dios, que en este sacramento admirable nos dejaste el memorial de tu Pasión...*[5].

Consciente de haber estado presente en el Drama, y de tener en mí al Cristo que acaba de ofrecerse, podría rezar algo así como...

...ven, Jesús, ven y descansa. Has recorrido hasta aquí un largo trecho. Se han detenido ya tus pasos y por fin se ha sosegado tu anhelante Corazón.
Descansa pues es tiempo, es hora de reposar ya tus afanes. Estás como quisiste, del todo destrozado, con ese modo tuyo que no sabe sino entregarse así.
Acaban de bajarte apenas de la Cruz... no busques más; aquí está tu refugio... quiero ser para Ti hoy tu consuelo... descansa ahora que todo ha terminado, pues has pagado ya la deuda con tu ser.
Te tengo recién crucificado; estás ahora en mí con tus heridas de muerte. Me sirve verte así pues vengo también yo de mi calvario. ¡Mátame, Señor, con la fuerza de esta Eucaristía, con este Amor de muerte que me invade! ¡Estás en mí de esa manera, haciéndome a tu modo, y no quiero perder ni un solo instante cerrándome a tu acción! ¡Mátame, Señor, sin que me invada el

[5] *Oración Colecta*, Solemnidad del Corpus Christi.

miedo! ¡Sigue en mí, Víctima Santa, Hostia que te disuelves por mi amor! ¡Sigue hasta el final haciéndome ser Tú! ¡Hazlo ahora que es tiempo, realiza mi muerte repetida en cáliz de dolor!

Pasión de sufrimiento y pasión de amor

Tu Pasión no es una leyenda áurea sino una experiencia dramática, fuente de salvación y cátedra de sabiduría. Y yo, como Pablo, «no quiero saber nada sino a Jesucristo, y a este crucificado»[6]. Por tu dolorosa Pasión las vírgenes te siguen, los mártires se conforman a Ti Crucificado, los evangelizadores reciben aliento; sabiduría, los doctores; esperanza, los oprimidos. Hay quien dijo que tu Sagrada Pasión es «la devoción de las devociones, la más útil, la más querida de Dios, la que mejor consuela a los pecadores y la que más inflama a las almas amantes»[7].

Ahora bien, quiero entender tu *pasión* en dos sentidos. El primero, como *pasión de amor*; el segundo, como *pasión de sufrimiento*. Ambos se aplican puntualmente a tu Sacrificio eucarístico. Estoy en tu dolorosa y sangrienta Pasión, en tu oblación del Calvario; pero también me pasmo ante una *pasión de amor* que excede toda medida. Y ambas *pasiones* quiero ahora que me *conforten*[8].

---

[6] *I Cor* 1, 23.

[7] San Alfonso M. de Ligorio, *Práctica del amor a Jesucristo*, capítulo 1.

[8] «*Pasión* quiere decir amor apasionado, que en el darse no hace cálculos: la Pasión de Cristo es el culmen de toda su existencia 'dada' a los

Tu Sagrada Pasión ha llenado retablos y ofrecido tema inagotable en pinturas y esculturas. Me sirven las siguientes palabras para convencerme de lo mucho que influye considerar tu Sacrificio en mi vida espiritual: «Todas las otras meditaciones que no son la Sacra Pasión traen poco provecho. Por eso ten aviso de reducir todo a ella, porque ella es la que humilla mucho el ánima y más que ninguna otra cosa llega a Dios. Y la torna mansa y la cumple de toda virtud»[9]. Quizá deba proponerme rezar con más frecuencia el Via Crucis. Quizá me permita una mejor coincidencia de mundos contigo, Víctima que te ofreces en cada Eucaristía[10].

hermanos para revelar el corazón del Padre. La Cruz, que parece alzarse desde la tierra, en realidad cuelga del cielo, como abrazo divino que estrecha el universo» (San Juan Pablo II, *Mensaje,* 29-VI-1999, n. 2).

[9] Francisco de Osuna, *Primer Abecedario,* letra B, cap. 18.

[10] De san Juan Pablo II testimonia su secretario: «El viernes hacía el *Vía Crucis*, se encontrase en el lugar del mundo en el que se encontrase, en un avión o en un helicóptero, como aquella vez que se dirigía en vuelo hacia Galilea» (Stanislao Dziwisz, *Una vida con Karol,* La esfera de los libros, Madrid 2007, p. 89).

CONFÓRTAME

Ha habido situaciones en mi vida en que todo parece desplomarse. Por mi incuria, mi negatividad o mis cerrazones para aceptar una circunstancia adversa. O por la constatación del pecado en mi interior, en la sociedad o en el mundo. ¿De dónde asirme para no caer en el sinsentido, en los sucedáneos, en la tristeza más corrosiva?

No hay otra respuesta: *en tu Sagrada Pasión*. Solo ahí podré encontrar lo que me hace posible recuperar al aliento y la esperanza. Solo en ella hallaré sentido a la enfermedad, al dolor, a las traiciones, a la miseria, a los crímenes, a la depresión o a mis muertos. Entre todos los posibles remedios, es tan solo tu Amor crucificado lo que me *conforta*.

Me conforta *com-padecer*

> *La única respuesta digna es devolver*
> *sangre por sangre*
> San Jerónimo[1].

---

[1] *Carta* 22, 39: PL 22, 428.

Tú naciste para morir, y ofreces tu Vida en el momento de tu violento holocausto. Mi Eucaristía no será profunda si olvido que esa Hostia se confeccionó en un sacrificio, y que al comulgar lo hago con Alguien voluntariamente inmolado. Tu lógica eucarística, sacrificio y ofrenda de la Iglesia contigo y en Ti, resulta plenamente asimilada cuando me abro a tu Cruz.

Sé que ella, tu Cruz, ha operado una maravillosa alquimia: el dolor es, desde entonces, fuente de salvación[2].

Pero nunca seré capaz de llevar solo el peso del madero. No me alcanzan las fuerzas. Tendrá que hacerlo Uno más dotado. Alguien que *me haga fuerte*. Solo así podré decir «todo lo puedo en Aquel que me conforta»[3]. Sí, entonces vendrá a *confortarme* tu Amor divino, tu Amor de Crucificado ofrecido en la comunión.

Pero me es preciso un período de previa *con-formación* que haga posible nuestra *común-unión*. Y esa previa *con-formación* viene dada por la identidad de mundos. Hacer mío el mundo tuyo caminando hacia el Calvario. Entonces, habiéndome

---

[2] Cuando sor Teresa del Niño Jesús se abrumaba de pena ante los primeros ataques de la parálisis cerebral de su padre, escribía a su tía queriendo aligerarle la conmoción: «Yo quisiera quitarle a mi querida tía todas sus tristezas y cargar sobre mí todas sus penas. Así se lo pedía hace un momento a Aquel cuyo corazón late al unísono del mío; y comprendí que lo mejor que Él podía darnos era el sufrimiento, que no lo da más que a sus hijos *predilectos*. Y esta respuesta me hacía ver que no estaba siendo escuchada, pues veía que Dios amaba demasiado a mi querida tía para quitarle la cruz...» (*Carta* 67, a Celina Fournet, 18 de noviembre de 1888).

[3] *Flp* 4, 13.

con-formado con Quien me entrega su existencia, mi vida espiritual se robustece. Y con esa fuerza ahora sí me sale decir aquello de *poderlo todo*, porque se habrá logrado, gracias a las múltiples conformaciones previas, la unión estrechísima contigo. No por una simple figura, imagen o licencia poética, sino por un misterio real. Podré decir *soy* Cristo. Y lograré advertir que eres Tú quien padece en mí por haber tomado mi lugar. Consciente de mi nada, he asumido tu Todo. Y entonces experimentaré que, «cuando soy débil, entonces soy fuerte»[4].

---

[4] *II Cor* 12, 10.

¡OH, BUEN JESÚS!

Llegados a este punto advierto de golpe el prodigio que se ha verificado. Dejo las distintas ópticas en las que me he centrado y ahora deseo fijarme en tu Persona: *¡Jesús!* Por eso la enmarco entre signos de admiración. Estoy admirado, asombrado, al advertir de tener dentro de mí no a otro, sino a Ti, Jesús.

Mi exclamación admirativa viene reforzada por el *¡Oh¡*, palabra inicial que es más bien lo contrario de una palabra, que es una exclamación, un sonido, un mero signo de inefable estupor: *¡Oh!*[1]

Y, continuando mi proceso admirativo, te califico como *bueno*: *¡Oh, buen Jesús!* Y mi calificación adquiere pleno significado cuando recuerdo que Tú no solo tienes la característica de la bondad, sino que *eres* la Bondad. Eres el poseedor absoluto de ese Atributo divino. Toda bondad participada se encuentra —y en grado infinito—, en el Pan bueno que me sustenta.

---

[1] El famoso predicador Bossuet, que tendía más bien a ser grandilocuente, se sintió un día impresionado por esta breve expresión y escribió: *Toute l'élocuence du monde est dans cet Ô, et je ne sais plus qu'en dire, tant je m'y perds*: «Toda la elocuencia del mundo está en este *¡Oh!*, y no sé qué más decir, yo aquí me pierdo».

Tu Corazón, absolutamente *bueno*, palpita en mí, del mismo modo que palpitaba cuando vivías sobre la Tierra. Y así palpita en el Cielo, glorificado. Tú no tienes sino un solo Corazón, porque eres Uno. Y tu Corazón contiene la Bondad sin medida.

Cuando el joven rico te llamó "Maestro bueno", lo cuestionaste: *¿Por qué me llamas bueno?* No querías que el calificativo se viera como mera fórmula de cortesía, pues ser *bueno* es exclusivo de Dios. Solo Él puede responder a la pregunta sobre lo bueno, porque es *el* Bueno. *Nadie es bueno sino solo Dios*[2]. Seguramente el joven ignoraba que estar ante Ti era lo mismo que estar ante Dios, y te llamó así al ver que eran *buenas* tus obras. Pero yo creo y confieso que Tú, escondido en el Pan, eres *Bueno*, absolutamente bueno en tu esencia. ¡Que descanso saber que mi Dios no es sino la pura y total Bondad!

Toda buena dádiva y todo don perfecto descienden de lo alto[3]. Si algún don es bueno, viene de Ti, que eres la Bondad por esencia. *Bueno eres tú, y bienhechor*[4]. Todo lo que de bueno existe en el cielo y en la tierra tiene en Ti su origen. Y, por tanto, en tu Eucaristía. Por eso ahora, con plena conciencia de lo que digo, te alabo diciéndote que realmente eres el *Buen Jesús*.

A veces me cuesta un poco confesar este Atributo tuyo. En un mundo de crueldad, sufrimiento e injusticia, se me insinúa la duda sobre tu Bondad.

---

[2] *Mc* 10, 18.

[3] *Sant* 1, 17.

[4] *Sal* 119, 68.

Pero esta percepción de un Dios no siempre *Bueno* procede de mi visión a corto plazo. Implica dejar la eternidad fuera de mi horizonte. Mi visión chata olvida que lo doloroso, el declinar, las pérdidas, todo, es susceptible de ser —en tu proyecto de amplio espectro—, la mejor de las soluciones posibles. Un niño inocente, invadido de cáncer, en medio de atroces sufrimientos, revelaría un Dios perverso... solo si ese niño permaneciera con cáncer y dolores por toda la eternidad. Y que todo aquello que ahora el pequeño sufre no trajera para él, para su familia, para la Iglesia y para el mundo, enormes beneficios espirituales, mismos que no acierto a comprender con mis alcances. Y menos encontrar explicaciones derivadas de la pura lógica. Tú no eres bueno en el sentido de lo *políticamente correcto*, sino con una bondad que está más allá de cualquier previsión de horizonte limitado: ¡Oh, buen Jesús!

Tu bondad solo se comprende dentro de la totalidad de tu plan salvífico. Sé que tu plan nos pide paciencia, confianza, resistencia. Para que se lleve a cabo es preciso que aparezcan diversas pruebas[5]. Por eso a veces no me es fácil afirmar desde lo hondo ¡Oh, buen Jesús!... descubriré las manifestaciones de tu gran bondad solo a medida que me adhiera a tu Voluntad, identificándome hasta en los menores detalles con tu designio eterno. Entenderé cada vez mejor que, oculto bajo capas de apariencia mala, late un Amor que supera toda imaginación y que es indefectible.

---

[5] Cf. *Mt* 7, 13-14.

Aunque nosotros no seamos *buenos*, Tú siempre lo eres: *Yo publicaré tu grandeza, y proclamaré la memoria de tu inmensa bondad... bueno es el Señor para con todos*[6].

La Bondad oculta en el Pan

Los santos descubren una bondad incomprensible en tu prodigio eucarístico[7]. Frente al Pan que se ha convertido en Ti, no ha de tener límite —como no lo tuvieron ellos— mi confianza en tu Bondad. Tú eres bueno con la Bondad esencial, Bondad sobre toda bondad, como lo manifiestas transustanciado, convertido en materia inerte, oculto en los Sagrarios, paciente, silencioso, dejándote comer. Jesús Eucaristía: eres el Pan bueno, como ningún pan —ni ninguna bondad— lo es.

---

[6] *Sal* 145, 7-8.

[7] «¡Oh Verbo divino!... eres Tú quien, remontándote hacia la luz inaccesible que será ya para siempre tu morada, sigues viviendo en este valle de lágrimas, escondido bajo las apariencias de una blanca Hostia... Águila eterna, Tú quieres alimentarme con tu sustancia divina, a mí, pobre e insignificante ser que volvería a la nada si tu mirada divina no me diera la vida a cada instante» (SANTA TERESA DE LISIEUX, *Manuscritos Autobiográficos B*, 5vº).

«Jesús, déjame que te diga, en el exceso de mi gratitud, déjame, sí, que te diga que tu amor llega hasta la *locura*... ¿Cómo quieres que, ante esa *locura*, mi corazón no se lance hacia ti? ¿Cómo va a conocer límites mi confianza?» (*Id.*, 5rº).

«Un día, desde la reja donde se encontraba fray Juan de la Cruz orando con gran recogimiento, una monja lo observaba. Luego de profunda postración, fray Juan se levantó con rostro muy alegre y encendido de fervor. La religiosa le preguntó con sencillez por qué estaba tan contento. El santo le respondió: "No había yo de tener tanta alegría después de haber adorado a mi Señor". Y uniendo las manos dijo entusiasmado: "¡Oh, hija, cuán buen Dios tenemos, buen Dios tenemos!"» (Crisógono DE JESÚS SACRAMENTADO, *Vida de San Juan de la Cruz*, BAC, Madrid 1997, p. 287).

El *Pan bueno*. Una bondad manifestada en forma de pan. A los alimentos que tu Padre nos ha regalado les aplicamos diversos calificativos: irritantes, suaves, dulces, amargos, blandos o duros. Los hay que destemplan, como los trozos de hielo; o ardientes, como azúcar derretida. Hay algunos que se quejan al morderlos, gimiendo ante la violencia a que los sometemos. Pero el más común de los alimentos no es ni destemplado, ni agresivo, ni irritante. El pan, nuestro alimento familiar, no es así. Parecería que pudiéramos calificarlo de amable y silencioso, como el rayo de luna.

ÓYEME

Recibo en mi pecho un Corazón palmariamente abierto a la escucha. Siempre oyes: me has dicho: *Tu clamor llega hasta Mí*[1]. El problema es que a veces yo no estoy muy convencido de que lo hagas.

Quizá porque pienso que te encuentras muy lejos, no solo físicamente sino sobre todo muy lejos de mi pequeñez y de mi miseria. Carezco de méritos para que me oigas. A veces te pienso en un mundo inalcanzable, inaccesible para mi pequeñez y mi miseria. Pero cuando te tengo sacramentalmente dentro de mí, por lo que a la inmediatez se refiere, me das una certeza *física* de que entonces no he de dudar ni mínimamente que... *¡me oyes!*

En cuanto a la distancia no hay, pues, dificultad. Eres el Dios hecho hombre que ahora, al recibirte, me habitas. Nuestra proximidad no podría ser mayor. La duda aparecería motivada por mi indignidad, o también por no saber si será oportuno lo que te pido. No sé si tengo las debidas credenciales para

---

[1] *1 Sm* 9, 16.

que me oigas. Tampoco sé si lo que quiero que oigas se ajusta a tu Voluntad.

Pero ahora tu Eucaristía me hace digno: habitándome, hablas a través mío. Tu Padre ve a su Hijo en mí cuando comulgo. En ningún otro momento tengo dignidad mayor. ¿Y qué será lo mejor que deba pedirte?

Tú, Jesús, mi más profundo deseo

Óyeme. ¿Qué quiero que oigas? Seguramente lo que te he dicho antes: que tu Alma me santifique, que tu Cuerpo me salve, que tu Sangre me embriague, que me lave el Agua de tu Corazón... te estoy pidiendo, en definitiva, *la unión transformante.* Intentaré aprovechar esta inmejorable circunstancia porque en este momento, Jesús, ¡eres mío, te poseo![2]

---

[2] Al comulgar, se repite de algún modo el proceso que san Juan de la Cruz describe en las estrofas del *Cántico.* Antes de comerlo en la Hostia, salía de nuestras entrañas el grito de amor desgarrador: *¿A dónde te escondiste, / Amado, y me dejaste con gemido?* Juan da voz a hombres de todo espacio y tiempo. Porque todo hombre que sale de sí mismo grita eso desde lo hondo. El *Cántico espiritual* no es tratado teórico sino experiencia personal. De Juan y de todos. Porque el alma siempre está en diálogo con el Huésped que la habita, y sufre al mismo tiempo el dolor de la ausencia. Comulgando se nos atenúa el ansia, pero aún no se ha dado la consumación.

Las criaturas no hacen sino aumentar el sufrimiento del alma enamorada, pues intensifican el deseo de verlo y poseerlo. *¿Ay, quién podrá sanarme? / ¡Acaba de entregarte ya de vero: / no quieras enviarme / de hoy más ya mensajero / que no saben decirme lo que quiero!* Pero al fin, el encuentro: aparece el Amado. Ha llegado a nuestra alma, y ahora en ella se establece la paz. Hay que detenerse, dormir, no tocar, no decir. Con su Dios presente, el comulgante, en el colmo de su felicidad, desearía detener el momento: no hay verbos, solo sustantivos y adjetivos: *Mi Amado las montañas / los valles solitarios nemorosos / las ínsulas extrañas / los ríos sonorosos / el silvo de los aires amorosos. / La noche*

¡Oh, buen Jesús, óyeme! Quiero, pues, la concesión del proyecto que nos revelaste en tu oración sacerdotal: que yo sea, en Ti, por Ti y contigo, uno en el Padre y el Espíritu Santo, en la perfecta unidad de la Trinidad ...*que todos sean uno. Como Tú, Padre, en Mí y Yo en Ti, que ellos también sean uno en nosotros*[3]. Quiero el cumplimiento del Misterio oculto por los siglos[4]: hacerme conforme a tu imagen, *cristificarme*, deificarme: *Inclina aurem tuam ad me!*[5]

¡Oh, buen Jesús, óyeme! Óyeme, que no quiero pedirte nada distinto de lo que Tú imploraste poco antes de ser apresado: *que sean uno en nosotros*. Óyeme, pues intento recibir el núcleo de tu mensaje, la esencia de tu Reino. Reino que está ahora dentro de mí y que más y más —con esta ardiente súplica *¡óyeme!* —, me poseerá hasta el grado de unificarme en Ti... por toda la eternidad.

---

sosegada / en par de los levantes de la aurora / la música callada / la soledad sonora / la cena que recrea y enamora.

¡Oh buen Jesús, óyeme! La comunión ha hecho posible el deseo unitivo: huele a fiesta, a guirnaldas, a vino añejo. *En la interior bodega / de mi Amado bebí, y cuando salía / por toda aquesta vega / ya cosa no sabía / y el ganado perdí que antes seguía.* Pero el mal de amor del alma enamorada es incurable: ansía más, anhela llegar hasta la otra ribera y pide al Amado que le muestre su hermosura y le dé a gustar el mosto de granadas, símbolo del deleite eterno. Procura el refugio en las cavernas profundas de su corazón, donde está el Amado, pero en figura. Ya, pero todavía no. Tenemos el adelanto, aunque aguardamos la entera posesión: *Y luego a las subidas / cavernas de la piedra nos iremos, / que están bien escondidas, / y allí nos entraremos, / y el mosto de granadas gustaremos*" (San Juan de la Cruz, *Cántico espiritual B,* canciones 1, 6, 14, 26, 37).

[3] *Jn* 17, 21. 23. 27.

[4] Cf. *Rom* 16, 25; *Ef* 1, 9; 3, 9; *Col* 1, 26.

[5] *Sal* 30(31), 2 (¡Inclina tu oído hacia mí!).

DENTRO DE TUS LLAGAS

Luego dice a Tomás: «Acerca aquí tu dedo y mira mis manos; trae tu mano y métela en mi costado, y no seas incrédulo sino creyente»
Juan 20, 27.

Qué alegría considerar ahora contigo esta única invocación que resistió al paso de los siglos, después de la original composición del *Ánima Christi*. Sí, tan solo una de las invocaciones tardías de esta plegaria no cayó en desuso. Seguramente te agradó la súplica ferviente: *Intra tua vulnera absconde me.* Esta invocación ha venido a ser la preferida de los cristianos devotos.

Las Llagas, presentes en la Hostia

No veo, como Tomás, tus sagradas Llagas en la Hostia. Tampoco meto, como él, mis dedos en la hendidura de los clavos, ni mi mano en la herida de tu Costado. En la Hostia que me han presentado en la Elevación —y antes de comulgar—, mi vista no descubre tu Cuerpo llagado. Tampoco mi sentido del gusto me trae el sabor de la Sangre que mana de esas oquedades. Pero me «basta con el oído para creer con firmeza»[1].

---

[1] Santo Tomás de Aquino, Himno *Adoro Te devote.*

He participado en el memorial de tu Pasión, y ahí está tu Cuerpo destrozado y tus Llagas abiertas, sin restañar, tal como permanecerán por toda la eternidad. La tarde del Domingo de Resurrección te apareciste a tus discípulos y, en dos ocasiones, les mostraste tus Llagas[2]. No se trata tan solo de heridas. Una herida cierra, cicatriza y, al cabo del tiempo, desaparece. Pero tus Llagas, no. Permanecen abiertas, y así permanecerán por siempre.

¿A qué estoy, pues, invitado, al ver tus manos y tus pies? ¿Qué quieres revelarme mostrándome tus Llagas? Ellas componen un místico retablo que me habla de cercanía, de intimidad, de refugio. Libro abierto, flor abierta, granada abierta. Cinco portillos que señalan otras tantas invitaciones al contacto, a la asimilación. Porque Tú ansías lo personal, lo amoroso, la fusión.

Tomás, porque me has visto has creído. Bienaventurados quienes, sin ver, creyeron[3]. Por la fe viva, fe contemplativa, me invitas no solo a ver, sino a más: a besar tus Llagas, a introducirme en ellas, a sumergirme hasta perderme dentro, hasta asimilarme en ellas, experimentando el gozo de lo recóndito de Ti[4].

---

[2] «¿Por qué os espantáis? ¿Por qué surgen dudas en vuestro interior? Mirad mis manos y mis pies, soy Yo en persona. Tocadme y convenceos: un fantasma no tiene carne ni huesos como veis que Yo tengo. Y les mostró las manos y los pies» (*Lc* 24, 37-39).

[3] *Jn* 20, 29.

[4] «Me quedaré metido cada día, cumpliendo un propósito antiguo, en la Llaga del Costado de mi Señor» (San Josemaría Escrivá, *Apunte* del 19-VII-1934, en Pedro Rodríguez, *Camino, edición crítico-histórica*, Rialp, Madrid 2002, p. 459).

ESCÓNDEME

En sus llagas hemos sido curados
Isaías 53, 5.

Quizá el primer sentido de mi súplica
—*escóndeme*— se refiera al constante ejemplo de
los santos: ellos no desean aparecer, sobresalir.
Si eso sucede, es muy a su pesar. Saben —como
debería saberlo yo— que «es señal de predilección
divina pasar oculto»[1], y sufren cuando comienzan a
adquirir notoriedad. De manera que, de entrada, te
pido un escondite, maravilloso escondite donde a
nadie se le ocurrirá buscarme: tus Llagas.

¿Cómo esconderme en tus Llagas?

Sí, ¿cómo esconderme en ellas al comulgar? Me pasa
lo que a Nicodemo: «¿Puede acaso un hombre entrar
de nuevo en el seno de su madre?»[2] ¿Cómo puede
nadie entrar en la abertura de un cuerpo herido,
meterse en esas sagradas lesiones y *esconderse*?

---

[1] San Josemaría Escrivá, *Carta,* 24 de marzo de 1930.
[2] *Jn* 3, 4.

No alcanza mi razón a comprenderlo. Quizá algo intuya el corazón. De entrada, mi deseo es una respuesta a la invitación que nos haces al permanecer, ya resucitado, con tus Llagas expuestas. Una locura más de tu Amor en el Pan. Si ahí está tu Cuerpo, ahí también están tus Llagas. Y no solo como objeto de verificación, de identificación, de tu Persona, sino como elocuente invitación para meterme en ellas[3]. Y lograr unificar mi yo con el tuyo.

Esconderme sería, además, un modo de responder a tu antigua invitación: *Permaneced en Mí*[4]. Pudiste haberme dicho que permaneciera en tu doctrina, o en tu seguimiento, o a tu lado —acompañándote en esos momentos dramáticos—, pero no. Lo que me pides es que permanezca *en Ti*.

¿En Ti? ¿Puede ser eso posible? Otra vez mi perplejidad. ¿No son extremos de fantasía, metas ilusorias por imposibles, que Tú y yo podamos unirnos de ese modo? Pero sé que, en realidad, no tengo alternativa. Fuera de Ti estaría mi yo insertado en mí mismo, y eso sería terrible. Estaría en la antesala del infierno. Y es precisamente lo que me ocurre cuando *me salgo* del escondite de tus Llagas y pretendo andar a cuerpo descubierto por un mundo de miseria y de pecado. ¡Qué mal me va! Parece que sale lo peor de mí: mis pasiones se desordenan, mi soberbia borbotea y las fuerzas del averno se confabulan

---

[3] «Mira aquí mis manos y mete tu dedo en el agujero de las llagas, y mete tu mano en mi costado» (*Jn* 20, 27).

[4] *Jn* 15, 4.

para destrozarme. *¡No permitas que me fugue del escondite de tus Llagas!*[5].

Esconderme en cada Llaga

Al pedirte que me escondas en tus Llagas, me ejercito metiéndome en cada una. Y en cada una hallaré motivos de paz, de consuelo, de encendimiento amoroso. Si incursiono en las Llagas de tus pies, estaré al cubierto de los arranques de mi orgullo, entendiendo el porqué de la abyección, del desconsuelo. Metido en esas Llagas morderé el polvo del anonadamiento, del desprecio de mi yo. Y es que, luego de mucho sosiego contemplativo, mezclaré ese polvo de la humillación con la Sangre de las Llagas santísimas de tus pies. Y entenderé que Tú prefieres mis momentos de humillación a los de vanagloria, porque es en ellos cuando me encuentras más parecido a Ti.

El menor de los contactos con tu divinidad es cauce para que tu Espíritu pueda elevarme a la más insospechada de las alturas. De las Llagas de tus pies, al Verbo Eterno de Dios. Si me animo a esconderme en ellas sabré que *toco a Dios*, y eso te basta para desplegar la fuerza ascendente que me lleva hasta tu mismo centro[6].

---

[5] «... os aconsejaré que cuando la carne intente recobrar sus fueros perdidos o la soberbia —que es peor— se rebele y se encabrite, os precipitéis a cobijaros en esas divinas hendiduras que, en el Cuerpo de Cristo, abrieron los clavos que le sujetaron a la Cruz, y la lanza que atravesó su pecho...» (San Josemaría Escrivá, *Amigos de Dios*, n. 302).

[6] «El primer escalón son los pies, que significan el afecto. Como los pies soportan el cuerpo, así el afecto soporta al alma. Los pies sujetos

La Llaga de tu mano derecha me empapará, como grano de trigo apretado en ella y yo, fecundado por tu Sangre redentora, podré ser lanzado para dar fruto. Si una sola de esas gotas basta para borrar todos los pecados del mundo, ¿qué eficacia me vendrá a mí, apretado en la Llaga santísima de tu mano derecha?[7]

Otras veces advertiré que, metido en la Llaga de tu mano derecha, bendeciré contigo. Sé que muy pronto, en la Cruz, tuviste que dejar de hacerlo[8]. Pero ahora, resucitado, nos bendices con tu mano derecha y yo, contigo, también bendigo. No maldeciré, ni saldrá de mis labios nada negativo, porque estoy escondido en una mano que siempre bendice[9]. Y que cura, mano que alivia enfermedades de almas y cuerpos. Escondido en la Llaga de tu mano derecha podré además calmar mi sed con la abundancia de esa Sangre que emborracha[10].

---

constituyen el peldaño para llegar al costado, donde se manifiesta el secreto del corazón. Porque, subido uno a los pies del afecto, comienza el alma a saborear el afecto del corazón, poniendo los ojos de la inteligencia en el corazón de mi Hijo, donde halla consumado el indecible Amor» (Santa Catalina de Siena, *El Diálogo*, 26).

[7] «Te *metiste* en la Llaga santísima de la mano derecha de tu Señor, y me preguntaste: Si una Herida de Cristo limpia, sana, aquieta, fortalece y enciende y enamora, ¿qué no harán las cinco, abiertas en el madero?» (San Josemaría Escrivá, *Camino*, n. 555).

[8] «Según fue revelado a Santa Brígida, cuando el Señor se vio en la Cruz, extendió la mano derecha al sitio en que había de ser clavada... después le clavaron la otra mano, luego los sagrados pies, y se dejó que Jesucristo muriese en aquel lecho de dolor» (San Alfonso M. de Ligorio, *Reflexiones sobre la Pasión*).

[9] «Mi alma se apegó a ti: tu mano derecha me ha amparado. Señor, Dios mío, de ti tiene sed mi alma» (*Sal* 62).

[10] «Para ti, que te quejas de estar solo, de que el ambiente es agresivo: piensa que Cristo Jesús, Buen Sembrador, a cada uno de sus hijos nos aprieta en su mano llagada —como al trigo—; nos inunda con su Sangre,

Y, si me escondo en la Llaga de tu mano izquierda, experimento un toque de suavidad. Mano izquierda abatida y sin fuerzas, mano de la compasión, del desvalimiento, de la derrota. Haré mía esa mano que acaricia, y la Sangre que mana de ella es Sangre que alivia, como suave bálsamo: «Con su Sangre nos amó, librándonos de nuestras culpas»[11].

En la Llaga de tu costado oigo latir un Corazón. Es un sonido fuerte porque estoy dentro de un pecho que ha sido abierto, y aparece a flor de piel tu Corazón. Esta Llaga en la que ahora me refugio es la Llaga del amor, del amor que recibe, pero sobre todo del amor que da. Ahí podré sosegar las ansias desorbitadas de mi corazón pues descubro, al meterme en la hendidura de la lanza, que no tienes abierto tan solo tu costado, sino que el golpe alcanzó también a abrir tu Corazón. Sin metáfora tienes, ahora y para siempre, *partido el Corazón*. Y yo, escondido dentro, dejaré esa cordura mala que me hace demasiado razonable, pues lo que me sobra de prudencia y de medida se desploma ante este vuelo audaz: hace falta un mucho de locura para meterme en ese Corazón. Porque ahí se guarda un Amor que saca de razón, y en él queda patente que tu Sabiduría es locura para el mundo[12].

ALMA DE CRISTO, SANTIFÍCAME

---

nos purifica, nos limpia, ¡nos emborracha!» (San Josemaría Escrivá, *Forja*, n. 894).

[11] *Ap* 1, 2.

[12] *I Cor* 1, 5. «Me quedaré metido cada día, cumpliendo un propósito antiguo, en la Llaga del Costado de mi Señor» (San Josemaría Escrivá, *Apunte* del 19-VII-1934, en Pedro Rodríguez, *Camino, Edición históri-co-crítica*, Rialp, 2002, p. 459).

NO PERMITAS
QUE ME SEPARE DE TI

Luego de suplicarte que *me escondas* en tus
Llagas —y de mis tímidas incursiones en ellas—
ahora, habiéndote recibido, te pido *que nada me
separe de Ti.* Es un corolario del escondite en tus
Llagas. Porque, ¿cómo podríamos separarnos si
ya formamos un solo viviente? A tal grado me has
unido a la Carne viva de tus Llagas que la temida
separación es ahora muy remota. Sueño que un día
la recepción reiterada de tu Cuerpo produzca en mí
el estado de unión[1].

Pero la felicidad de vivir escondidos en la Carne
abierta de tus Llagas, la felicidad de habernos
hecho Uno en esas oquedades de la peña, está
siempre —como toda felicidad, mientras no llegue
la definitiva— expuesta al riesgo. Cualquier gozo
de intimidad en mi existencia —y, lógicamente,
también la intimidad contigo—, tiene el riesgo de
terminar. Todo abrazo con la persona amada lleva
en sí la posibilidad de que sea el último[2]. El ápice de

---

[1] «[La Eucaristía] es *el sacramento de la unión*: su primer efecto es
unir, no produciendo la primera unión, sino estrechando la ya contraí-
da» (SAN BUENAVENTURA, *In IV Sent.* d. 12, a. 1, q. 2). «El efecto de la Eucaristía es unir a los hombres con Jesucristo» (CONCILIO DE FLORENCIA,
Decreto pro Armenis).

[2] «La pérdida del otro es una parte universal e integrante de la experiencia del amor» (C. S. LEWIS, *Una pena en observación*, Anagrama,

mi encuentro puede convertirse en el inicio de mi separación. Es precisamente ese temor el que me lleva a suplicarte que conjures cualquier riesgo de ruptura: *¡No permitas que me separe de Ti!*[3]

Porque no deseo sino nuestra mutua inhesión, análoga a la que tienes con tu Padre y con tu Espíritu: *Tú en mí, yo en Ti*[4], y a la que nos invitaste repetidas veces, expresándola con dos verbos muy elocuentes: *permanecer* y *morar*: «El que come mi carne y bebe mi sangre *permanece* en Mí, y Yo en él»[5]... «*Permaneced* en mí como yo en vosotros»[6]... «*Permaneced* en mi amor»[7]... «Si alguno me ama, guardará mi palabra, y mi Padre lo amará, y vendremos a él, y *en él moraremos*»[8].

Nuestra mutua inhesión constituye el núcleo de mi experiencia cristiana[9]. Por eso ahora, teniéndote en mí, muy consciente de que no está a mi alcance

---

Barcelona 2015, p. 59. Este libro es una colección de reflexiones que el escritor británico escribió tras la muerte de su esposa Joy Gresham, en 1960).

[3] El Misal Romano, en el Ordinario de la Misa (n. 145) señala que el celebrante, luego del invitar al saludo de la paz, pronuncie en voz baja la siguiente oración: «Señor Jesucristo, Hijo de Dios vivo que, por voluntad del Padre, cooperando el Espíritu Santo, diste con tu muerte la vida al mundo, líbrame, por la recepción de tu Cuerpo y de tu Sangre, de todas mis culpas y de todo mal. Concédeme cumplir siempre tus mandamientos y *jamás permitas que me separe de ti*».

[4] *Jn* 17, 21.

[5] *Id*., 6, 56.

[6] *Id*., 15, 4.

[7] *Id*., 15, 9.

[8] *Id*., 14, 23.

[9] «¡Oh, Señor mío, y Misericordia mía y Bien mío! Y ¿qué mayor le quiero yo en esta vida que estar tan junto a Vos, que no haya división entre Vos y mí?» (SANTA TERESA DE JESÚS, *Conceptos del amor a Dios*, c. 4, 9).

serte fiel, te pido que Tú lo hagas posible. Que mi feliz condición de *común-unión* dure por siempre. Aunque tu presencia sacramental desaparezca al cabo de unos minutos, que no desaparezca tu permanencia por la gracia: *Permaneced en mi Amor*[10]. Y por eso ahora te suplico que eso suceda sin fin: *que nunca me separe de Ti.*

Separarme... ¿o ser separado?

No permitas que me separe de Ti. Es verdad que puedo separarme de Ti con cualquiera de mis pecados personales —y culpa tendré—, pero también es cierto que, más allá y por encima del cúmulo de mis miserias, hay una fuerza superior que busca nuestra ruptura. Está el tentador, agazapado, intentando su pérfida empresa... y que sin duda más de una vez, con sus artimañas, lo ha conseguido (¡quizá en mi situación presente!). Por eso te pido gracia para que, si eso ha ocurrido u ocurre, no se repita ya más: mantén lejos de mí al tentador. Y volveré a suplicártelo luego, ya de modo explícito, en la siguiente invocación: *Del maligno enemigo, defiéndeme*[11].

---

[10] *Jn* 15, 9.

[11] En la construcción latina del *Ánima Christi*, el verbo *separar* está en voz pasiva: *separari*. Implica, pues, la comparsa de un tercer sujeto, diverso del Señor y diverso del orante. El sentido original de esta súplica vendría a ser algo así como: «Quiera el cielo que no me venza nada ni nadie que logre separarme de Ti». Se insinúa, pues, la misteriosa e inquietante iniciativa de aquel que la tradición espiritual, desde el principio de la experiencia cristiana, ha individuado: el maligno. San Ignacio de Loyola escribía a una religiosa aquejada de escrúpulos: «Nuestro antiguo enemigo... nos mete en la cabeza que estamos olvidados de Dios, y venimos a creer que somos completamente *separados* de nuestro Señor...

La voluntad decidida del seductor y su preclaro entendimiento buscan sutilmente nuestra separación. Pero no ha de prevalecer mi temor, sino la certeza que ahora me da nuestra unión eucarística. El clima, por tanto —estoy contigo sacramentado—, es de seguridad en el triunfo. Y diré con el Apóstol: «¿Quién me *separará* de tu amor?... ni la muerte ni la vida ni los ángeles ni los principados ni lo presente ni lo futuro ni las potestades ni la altura ni la profundidad ni otra criatura alguna podrá *separarme* del amor de Dios manifestado en Cristo Jesús»[12].

Y, también con Pablo, declaro la victoria: «En todo esto somos vencedores por la gracia de Aquel que nos amó»[13]. Lo que triunfa no es mi virtud, sino la gracia del Amor que me donas. No he arribado yo antes; has sido Tú quien me ha catapultado a otro nivel, permitiéndome la victoria. Permanece, sin embargo, la paradoja: el éxito ya está asegurado, pero no culminado. Mi condición bienaventurada no será alcanzada sino hasta el final.

No permitas que quede privado de la comunión

Quisiera añadir a esta invocación otra humilde súplica: *no permitas que jamás me separe del Alimento que ahora me nutre.* ¡Cuántos hombres y mujeres te han pedido lo mismo! No permitas

---

se esfuerza después para quitarnos totalmente la confianza...» (San Ignacio de Loyola, *Carta* a sor Teresa Rejadell, 15 de noviembre de 1543).

[12] Cf. *Rom* 8, 35-39.

[13] *Rom* 8, 37.

que nunca deje de recibirte. No permitas que pase un solo día privado de tu Cuerpo y de tu Sangre. Ni siquiera el de mi muerte. Que mis circunstancias, actividades y horarios siempre lo hagan posible, pero, ante todo, no permitas que mi traicionero corazón, mis pecados, mi tibieza o mi falta de fe me priven de recibirte a Ti sacramentado.

Sé que este deseo mío es también tuyo. Quizá a veces me resulte complicado comulgar, pero lo infinito de tu Poder logrará lo que anhelo. No será sino tu respuesta a mi súplica continua: *Danos hoy nuestro pan de cada día.* Ni una sola de mis jornadas quiero prescindir de la unión inefable que me ofreces en tu Eucaristía. Y, como siempre, envíame la muerte antes de que el pecado me impida la unión corporal contigo.

DEL MALIGNO ENEMIGO

Jesús, ahora aquí conmigo, eres el mismo que venció las tentaciones de satán en el desierto[1]. Eres el mismo que lo expulsaba de los posesos[2]. El mismo que enfrentó a los endemoniados de los sepulcros, haciendo salir de ellos multitud de espíritus infernales[3].

Eres el que trabó brutal combate contra él la noche de Getsemaní. Y eres, ahora que te tengo en la Hostia —y precisamente por el sacramento de tu Pasión—, quien inflige la derrota definitiva al que anda vagando por el mundo para la perdición de los hombres.

No quiero ser un escéptico que piense que el enemigo es algo así como un vago principio metafísico de ausencia de Bien, o una metáfora que deba leerse en clave mitológica. ¡Cuántas veces nos mostraste que no es así! Que es un ser personal —incluso un número considerable de ellos— en pie de guerra contra Ti y contra los tuyos. Sé que es sano creer en el demonio... y que no actúa solo en lugares remotos o en personas lejanas a mi vecindad, sino

---

[1] *Mt* 4, 1-11; *Mc* 1, 13; *Lc* 4, 1-13.

[2] *Mc* 9, 25.

[3] *Mt* 8, 30.

que es un león rugiente buscando devorarme[4]. Que actúa en instituciones que conculcan tus enseñanzas, y en los líderes que han promovido guerras devastadoras o injusticias salvajes. No cabe duda de que ha actuado ahí, como también en los emporios abortistas, en el crimen organizado, en la impugnación de la verdad, en las ideologías opuestas a la naturaleza, en la destrucción de la familia... y que actúa en mi interior...[5].

Del maligno enemigo, defiéndeme. Quizá mi petición suene anacrónica a oídos modernos. Pero antes no era así. La Edad Media supo bastante del demonio. La gente de entonces lo descubría echándolo a la realidad, pintándolo, esculpiéndolo con cuernos y con cola, lo que era honrado y saludable. La gente

---

[4] «Velad, porque vuestro adversario el diablo, como león rugiente, anda alrededor buscando a quién devorar» (I *Pe* 5, 8)

[5] «Sabe insinuarse *en nosotros* por los sentidos, la imaginación, la concupiscencia, la lógica utópica... *para introducir en nuestros actos desviaciones muy nocivas* y que, sin embargo, *parecen corresponder* a nuestras estructuras físicas o psíquicas o a nuestras aspiraciones más profundas» (SAN PABLO VI, *Audiencia,* 15-XI-1972). El papa subrayó en esa ocasión la trascendencia del tema: «¿Cuáles son hoy las necesidades más importantes de la Iglesia?» Su respuesta fue: «Una de las necesidades más grandes de la Iglesia es la de defenderse de ese mal al que llamamos demonio». Y recordó la enseñanza de la Iglesia sobre la presencia en el mundo «de un ser viviente, espiritual, pervertido y pervertidor, realidad terrible, misteriosa y temible». Después, refiriéndose a algunas publicaciones de entonces (en una de las cuales un profesor de exégesis invitaba a los cristianos a «liquidar al demonio»), san Pablo VI afirmaba que «se separan de la enseñanza de la Biblia y de la Iglesia los que se niegan a reconocer la existencia del diablo, o los que lo consideran un principio autónomo que no tiene, como todas las criaturas, su origen en Dios; y también los que lo explican como una pseudo realidad, una invención del espíritu para personificar las causas desconocidas de nuestros males... Nosotros sabemos que este ser oscuro y perturbador existe verdaderamente y que está actuando de continuo con una astucia traidora. Es el enemigo oculto que siembra el error y la desgracia en la historia de la humanidad».

de hoy prefiere tragárselo y pretende digerirle las pezuñas, se cose la boca con hilo de hielo y nunca confiesa que existe. Y yo sé que bien que existe: *Del maligno enemigo, Señor, defiéndeme.*

La hermosa oración medieval que me ocupa —el *Anima Christi*— no ha perdido actualidad[6].

El demonio es derrotado en el santo Sacrificio

Sé que el mundo está literalmente sostenido por tu Eucaristía. Por eso el enemigo ha procurado quitarla de en medio, oscureciendo mentes y corazones, ocultando que en ella se realiza la salvación del hombre. Su derrota definitiva se consuma ahí, en tu Sacrificio. El enemigo actuó en el ciclón protestante que devastó la Iglesia, queriendo borrar el sentido sacrificial de la Misa. Desde entonces viene negándose —en la teoría y en la práctica— dicho sentido sacrificial. La Santa Misa ya no es para muchos la actualización de tu Sacrificio, no es *actio Dei*. El enemigo ha conseguido difuminar el punto de inflexión de la historia donde fue derrotado.

Si no advierto que la Misa es su derrota, estaré desprotegido contra sus insidias. Si convierto la Misa en una reunión convival, yo, los fieles, el celebrante,

---

[6] A la invocación *del maligno enemigo, defiéndeme,* se refirió san Juan Pablo II en una de sus seis homilías sobre el demonio: «Las impresionantes palabras del Apóstol Juan *el mundo está todo bajo el influjo del maligno* (*I Jn* 5,19) aluden también a la presencia de satán en la historia de la humanidad, una presencia que se hace más fuerte a medida que el hombre y la sociedad se alejan de Dios... la existencia y la acción del demonio no resulta puesta en duda, hasta el punto de que se le pide a Cristo que nos defienda *ab hoste maligno*».

no lograremos hacernos uno contigo, Víctima ahí ofrecida. Derrotaste al enemigo en la Cruz y sigues derrotándolo en la actualización de tu Sacrificio. Porque el rito eucarístico es el drama de tu muerte en agonía[7].

Dame siempre luz para afirmar el sentido sacrificial de tu Eucaristía. Dame luz para advertir que *es ahí precisamente*, en la Santa Misa, donde tiene lugar la derrota del demonio. Negaría en la práctica dicha verdad si minimizo la parte central del rito, privilegiando otros momentos de la celebración... Dame luz para comprender que la liturgia eucarística es el principio vivificante del culto a tu Padre. Que la Misa en su sentido de sacrificio y de auténtico culto a Dios es el alma de la Iglesia. Que el influjo diabólico intenta complacer al mundo en las celebraciones desacralizadas, oscureciendo la conciencia de que ahí se juega el destino del hombre y de la humanidad. Porque tu Eucaristía resume la Redención. Por eso entiendo el interés del enemigo para oscurecer el misterio en el culto eucarístico.

---

[7] En 1975, el cardenal Ratzinger, entonces miembro de la Comisión Teológica Internacional, escribió: «Es preciso oponerse, más decididamente de lo que se ha hecho hasta el presente, a la vulgaridad racionalista, a los discursos aproximativos, al infantilismo pastoral, que degrada la liturgia católica a un rango de liturgia de café y la rebajan a nivel de tebeo» (Cit. en Julián HERRANZ, *En las afueras de Jericó*, Rialp, Madrid 2007, p. 192). Diez años más tarde, Vittorio Messori le preguntó al cardenal —ahora ya Prefecto de la Congregación para la Doctrina de la fe—, si mantenía la misma postura. Respondió: «Enteramente. Más aún, desde que escribí estas líneas se han descuidado otros aspectos que hubieran debido ser celosamente conservados y se han dilapidado muchas de las riquezas que todavía subsistían» (Joseph RATZINGER, *Informe sobre la fe*, BAC Minor, Madrid 1976, p. 133).

En tu Cuerpo destrozado y en tu Sangre derramada está el más eficaz antídoto contra la maléfica acción satánica[8]. En tu Pasión, el perverso impostor sufrió su definitiva derrota. Y yo he estado presente en ella. Y tengo con ella el poder que me asegura la victoria: *Ab hoste maligno, defende me...*

---

[8] «Por su pasión, Cristo nos liberó de satán y del pecado» (*Catecismo de la Iglesia Católica*, n. 1708). «Gracias a la Pasión de Cristo, tenemos el remedio que nos protege de las insidias del enemigo» (Santo Tomás de Aquino, *Suma Teológica* III, q. 49, a. 2, ad 3).

DEFIÉNDEME

Habiendo sido reconfortados con el alimento y la bebida celestiales, te pedimos, Dios todopoderoso, que defiendas del temor del enemigo a quienes has redimido con la preciosa Sangre de tu Hijo.
Oración para después de la comunión[1].

Sé que no hay mejor exorcismo —si pudiera decirse así— que una comunión realmente unitiva, recibida con las mejores disposiciones de fe y recogimiento. Disposiciones que, sin duda, te permitirían a Ti lograr los efectos previstos en tu Sacramento. También este: el de *defenderme* del maligno enemigo. Se lo pido a tu Padre al concluir el Padrenuestro —*libera nos a malo*—, y ahora el Padre celestial nos da, en Ti, la mejor manera de lograrlo[2].

---

[1] Misa votiva de la Preciosísima Sangre de nuestro Señor Jesucristo.

[2] El Doctor Eucarístico asegura que el enemigo huirá del que ha comulgado como si tuviera delante *un león que arrojase fuego por la boca*: «Y me ha dado Dios otra arma para mi defensa. Y ¿cuál es? Me ha preparado una mesa, me ha concedido un alimento que sacia, a fin de que, fortalecido con un espléndido banquete, supere victorioso al enemigo. Cuando el demonio rabioso te ve venir después de haberte acercado a la mesa del Señor, al banquete celestial, huye él como ante un león que arrojase fuego por su boca, retrocede rápido como el viento y no se atreve ya a aproximarse; y si desde lejos ve él tu lengua humedecida por la sangre del Señor, créeme, no resistirá; y si ve tus labios enrojecidos por la sangre de Cristo, se deslizará y huirá sobrecogido de miedo» (San Juan Crisóstomo, *Homilía a los bautizados*, en Jesús Solano, *Textos eucarísticos primitivos*, BAC, Madrid 1978, p. 664).

Me sirve advertir que necesito *ser defendido* del maligno. Porque su acción es tan sutil y taimada que puedo sufrirla sin percatarme. Las potencias demoníacas actúan al modo de esos cánceres silenciosos que permiten a la persona mantenerse aparentemente sana, pero que avanzan sin cesar, subrepticiamente, hasta que el sujeto se encuentra del todo invadido.

No es, pues, asunto de poca monta. En mis peticiones del *Ánima Christi* te suplico a Ti, el Vencedor, que seas mi eficaz escudo contra las maldades y asechanzas del demonio. Porque son muchas y variadas. No pienso ahora principalmente —aunque también esas— en las manifestaciones visibles o extraordinarias, como las infestaciones o posesiones. Pienso en las que planea para hacerme pecar. Porque el maligno consigue hoy como nunca multitud de éxitos a través de sus hipócritas mentiras. Posee grandes armas: su inteligencia superior —inteligencia angélica—, su capacidad suprema de disimulo, su habilidad para introducirse en todas partes (¡particular interés tiene en infiltrarse dentro de tu Iglesia![3]), su capacidad consumada para hacerme creer que no existe, para mutar el significado de las palabras pretendiendo variar la esencia de las cosas...

---

[3] El que fuera obispo de Estrasburgo (Francia), monseñor Léon Arthur Elchinger (1908-1998), afirmaba que los demonios se reúnen para luchar contra la autodestrucción de la Iglesia. Las fuerzas del maligno logran que los eclesiásticos se ocupen en actividades completamente secundarias e incluso infantiles, en lamentaciones inútiles, en discusiones estériles..., y durante este tiempo puede continuar su juego sin miedo a ser molestado.

Defiéndeme de su acción silenciosa, de ese virus
que podría no advertir hasta que logre infectarme.
Y puede que me ataque no un solo demonio,
sino varios: el especialista en fomentar mi necia
vanidad, el de la mentira en mis palabras y actitudes
—a veces, incluso, hacia aquellos que debo
obediencia—, el asqueroso demonio de la lujuria
que se agazapa con apariencias de romanticismo o
de soluciones afectivas; el demonio de la rebeldía
o, simplemente, el demonio de la desilusión y
la languidez en mi vida espiritual. Ayúdame a
percatarme de que no es un lobo, un oso, un macho
cabrío o una serpiente, sino un ángel, es decir, la
más perfecta de tus creaturas. Y que, después de su
caída, conserva íntegramente sus dotes naturales,
recibidas de tu Padre, ¡pero empleadas para el mal!

Las puertas del infierno no prevalecerán[4]

Si de una contienda deportiva se tratara, sé que
el maligno me vencería en cualquier caso. Pero al
recibirte de continuo —a Ti, que lo venciste para
siempre—, tengo la garantía de que lo volverás a
vencer cuando me ataque. De mí esperas que abra
los cauces, que te suplique, que solicite tu defensa:
Del maligno enemigo, defiéndeme[5].

---

[4] *Mt* 16, 18.

[5] Una plegaria eucarística del siglo IV lo pide explícitamente: «... a fin
de que los que hayan participado de él (el Santo Sacrificio de la Misa) se
afirmen en la piedad, consigan el perdón de los pecados, se defiendan del
diablo y de su engaño, se llenen del Espíritu Santo, se hagan dignos de tu
Cristo, consigan la vida eterna, habiéndote reconciliado con ellos, Señor
Omnipotente» (*Constitución de los Apóstoles*, l. 8, c. 12).

Objetivo codiciado del maligno es hacerme tardo y superficial en mi vida de oración. Se sienta sobre mi cabeza y comienza a meterme sueño, o me insinúa distracciones de todo tipo, seduciéndome con la curiosidad informática o manipulando mi imaginación con obsesiones o escrúpulos. O, simplemente, distrayéndome con la menor simpleza.

Sé que su ardid más sutil es evitar que haga oración contemplativa[6]. Sabe que en ella encontraré y me uniré «al Amado de mi alma»[7] y que, si oro contemplativamente, estaré ejercitando las virtudes teologales que me unen directamente a Ti. Con la contemplación me pongo fuera del alcance de sus misiles: la acción maléfica no llega a quienes entran en contacto con tu Santísima Humanidad. Por eso una argucia predilecta suya es procurar que yo no aspire a más en mi disolución en Ti, conformándome con una vida «muy concertada»[8]. Quedarme sin más en la vía puramente ascética, satisfecho con mis logros en el ejercicio de las virtudes morales, en la oración donde el protagonista soy yo y mi lucha. Así él me mantendría en una suerte de repliegue sobre mí mismo. Él no puede tolerar que me decida absolutamente a una vida de intimidad contemplativa, donde lo que priva es el encuentro contigo.

---

[6] «El diablo, indican los maestros espirituales, se ensaña sobre todo contra la oración y, más en particular, contra la contemplación» (Georges HUBER, *El diablo hoy*, Palabra 1992, p. 70).

[7] *Catecismo de la Iglesia Católica*, nn. 2711 y 2715.

[8] SANTA TERESA DE JESÚS , 3 *Moradas* cap. 1, 5.

Señor, defiéndeme, porque lo que el enemigo pretende es que yo no alcance la contemplación. Querrá que ese sujeto piadoso no vuele, sino que transite por lo puramente ascético, intentando olvidar un agravio o complicándose con problemas de obediencia, o revolviéndose ante dificultades para practicar una determinada virtud moral. Así ha logrado tantas veces que mi atención esté centrada en mí. No es que yo desprecie la ascética: me es imprescindible para alcanzar la vía contemplativa. Pero la ascética no es mi fin. Mi fin es contemplarte. Por eso el enemigo buscará entretenerme con tácticas dilatorias —mis "éxitos" y, sobre todo, mis "fracasos" en las virtudes morales— cerrándome el panorama para acceder a la etapa de los avanzados. La mía sería perpetuamente un alma retardada, y eso podría ocasionarme hastío espiritual y una vida encallada en comodidades y sucedáneos.

Líbrame también de los escrúpulos que me inocula el enemigo. A él no le interesa que yo, al comulgar, advierta unos brazos y un corazón abiertos. Alguien que me espera con un Amor por encima de toda ponderación. Un Amor anhelante de la unión, un Amor que supera la suma de todos los amores terrenos. Manipula entonces mi imaginación, trayendo a cuento alguna idea obsesiva que confunda mi conciencia[9].

---

[9] Son las "aves ligeras" de san Juan de la Cruz: «Llama "aves ligeras" a las digresiones de la imaginativa, que son ligeras y sutiles en volar a una parte y a otra; las cuales, cuando la voluntad está gozando en quietud de la comunicación sabrosa de el Amado, sueles hacerle sinsabor y apagarle el gusto con sus vuelos sutiles» (*Cántico espiritual A*, c. 29, 5).

Dicen los sabios que las disposiciones inmediatamente anteriores a la comunión son más importantes que las de después. ¿Tengo inquietudes, respetos humanos, desparramamiento interior al dirigirme a la Sagrada Mesa? «No es de Dios lo que roba la paz al alma»[10]. Líbrame, pues, del enemigo que me insinúa turbaciones antes de comulgar. Si lo logra, habría alcanzado una importante victoria. Habrá neutralizado buena parte del efecto unitivo que podría producirse. Despreciaré esas sugestiones y seguiré adelante, encendiendo mis ansias de unión en los momentos previos a recibirte. Y continuaré luego, lleno de paz, durante los minutos de acción de gracias. Más le vale entonces al enemigo escabullirse porque, de no hacerlo, se encontraría contigo, que lo derrotaste definitivamente en la Cruz.

---

[10] San Josemaría Escrivá, *Camino*, n. 258.

EN LA HORA DE MI MUERTE

...que el día cuando Tú me llames sea como hoy,
para mirarte a los ojos y poderte decir:
cómo no te voy a adorar...
José Luis Bohórquez[1].

Una de las veinticuatro horas del día será la de mi muerte. Miles de veces la he transitado, pero no sé cuál es. Así como en el Avemaría, con confianza de niño, abandono en tu Madre esa hora (*ruega por nosotros... en la hora de nuestra muerte*), en esta invocación te pido —estoy en un momento unitivo— ser acogido por Ti en el instante que define mi unión eterna[2].

Tu Eucaristía guarda una íntima relación con mi muerte —es Viático—, y con mi eternidad —es requisito para poseerla[3]. Como Viático me das la provisión para cuando parta de este mundo. Tu Pan

---

[1] "Una canción para la comunión", canción.

[2] La muerte viene recordada en el *Ánima Christi* inmediatamente después de la mención al *enemigo*, probablemente en conexión con *Hb* 2, 14-15: «[Jesús, muriendo,] aniquiló al señor de la muerte, esto es, al diablo, y liberó a cuantos, por temor a la muerte, estaban sometidos a esclavitud». Pedimos que, en el supremo trance, nos veamos libres del influjo del adversario. Y que, por el contrario, el Dios que *ahora está escondido* en nosotros *nos llame* a Él.

[3] «El que come mi Carne y bebe mi Sangre tiene vida eterna, y yo lo resucitaré en el último día» (*Jn* 6, 54). «En verdad, en verdad os digo: si

de Vida me es ofrecido como bastimento de viaje: es *viático*. En los minutos silenciosos luego de recibirte puedo pensar que mi futuro absoluto está ahí: en tu Presencia real, Señor de la Gloria. Cada comunión me hace trasponer la orilla: estoy en el Cielo. Contigo en la Hostia adelanto el tránsito de esa hora ignota y así, en el trance de mi muerte no habrá novedades: he hecho muchas, miles de veces, mi ingreso en la eternidad.

Por eso ahora, teniéndote en mi pecho —a Ti, al primero que veré cara a cara *mox post mortem*[4]—, quisiera adelantar lo que me gustaría decirte en mi última hora, sabiendo que nada olvidas, nada relegas, nada desoyes...

Como una alegría largamente soñada que se acaricia con el pensamiento, una alegría que no se da sino una sola vez y que debe disfrutarse en plenitud, desde hoy te digo: Cuando mis párpados comiencen a cerrarse para las cosas del mundo, es Tu Mirada de Amor lo que buscarán mis ojos. Cuando mis oídos se hayan cerrado, es Tu Voz amorosa lo que voy a querer escuchar, Señor. Tú tomarás los sufrimientos de mi cuerpo como expiación de mi vida y de la de los pecadores, para gloria de la Verdad. Y si mi agonía se prolonga, que se prolongue igualmente mi amor, y que sea fiel en responder al Tuyo que me diste en la Cruz[5].

---

no coméis la Carne del Hijo del hombre y no bebéis su Sangre, no tendréis vida en vosotros» (*Jn* 6, 53).

[4] «Inmediatamente después de la muerte» (Bula *Benedictus Deus*, de BENEDICTO XI).

[5] Cf. Gabriela BOSSIS, *Él y yo*, n. 1120.

Si tan estrecha cercanía tenemos Tú y yo en la comunión, ¿cómo pensar que se interrumpirá cuando mi alma abandone el cuerpo? Ahora es apenas un atisbo de tu Amor lo que vislumbro. En el instante que sigue a mi muerte lo *comprehenderé* en profundidad, para continuar ahondándolo ya sin término. Quisiera ser algo así como presa de tu Presencia y resultar aniquilado por Ti en el instante mismo de mi muerte. Y es lo te pido: que permanezcas junto a mí en ese trance. Mi última Eucaristía será la preparación inmediata para el encuentro ya sin velos ni mediaciones, sino en posesión y fruición eternas.

Pero esa última vez puede ser la de hoy. ¿Qué pasaría si supiera que esta comunión es la postrera de mi vida? Mi alma correría el riesgo de haber diferido hasta el final su fe en la infinita Misericordia y en los últimos perdones. Así que esta invocación del *Ánima Christi* me llena de confianza. Me dices: *Ahora ya no temas nada; ahora, como si fuera la última vez, entrégate totalmente al Amor.*

Recuerdo que antes, en algunas sacristías, se colocaba un cartel para que el celebrante lo leyera antes de comenzar: *Sicut prima. Sicut única. Sicut última.* «Sí —vendría a decirme ese recordatorio—, participa hoy con la ilusión de la *primera* vez. Pero también como si fuera la única de tu existencia. Y... ¿si se tratara de la *última*?»

> *Quisiera que el momento que me llamaras fuera como este instante, porque en este instante te tengo a Ti, que eres la certeza de mi Eternidad. En la Misa ofrecí tu muerte y, con ella, la mía y la de aquellos que están cerca de su tránsito. Aunque camine por sendas*

ignotas nada temo, porque Tú me vas conmigo. Quiero "conmorir" contigo con el Pan que me trae tu Vida y que me trae tu Muerte. Así viviré en tu casa por años sin término.

Prenda de inmortalidad

En cada comunión me colocas frente a mi propia muerte. Sé que no es alimento para mi vida terrena, sino para la eterna. Y aunque no tenga indicios de una muerte cercana —al menos eso parece—, debo entender esta y todas mis comuniones tienen sentido de *viático*[6]. Por eso mi viaje y su respectiva provisión han comenzado desde que te comí por vez primera, mucho antes de mi tránsito a la Casa del Padre. Todas mis comuniones, desde la primera hasta la última, han ido sembrado en mí el germen de inmortalidad. Todas ellas —más y mejor en la medida de mi fe y de mi amor— me han ido disponiendo a la Vida contigo[7].

Cuando comulgo, me comunicas tu propia inmortalidad. Soy transformado en Ti por la participación en tu Cuerpo y en tu Sangre gloriosos. Voy *convirtiéndome* en Aquel que estoy llamado a ser. No he de esperar al fin de los tiempos. Desde ahora, al comerte en este

---

[6] «Este sacramento no nos introduce inmediatamente en la gloria, pero nos da la fuerza para llegar a la gloria y por eso se llama *viático*» (Santo Tomás de Aquino, *Suma Teológica* III, q. 79, ad 1).

[7] «La Eucaristía transforma en su propia grandeza, es decir, en la inmortalidad, a cuantos la reciben» (San Cirilo de Alejandría, *Comentario a Juan* 10, 2; PG 74, 562).

Pan, *comienzo a ser el que seré*[8]. Con ella —y el prodigio me conturba y me enternece— me transformo en Ti[9].

---

[8] Refiriéndose a Cristo resplandeciente y transfigurado de gloria en el Tabor, san Juan Pablo II escribe: «...este hombre transformado por el amor es el que los discípulos contemplaron en el Tabor, *el hombre que todos nosotros estamos llamados a ser*» (Carta apostólica *Orientale lumen,* 2-V-95).

[9] «En el sacramento de la Eucaristía, Dios se dona a nosotros para abrir nuestra existencia a Él, para involucrarla en el misterio de amor de la Cruz, para hacerla partícipe del misterio eterno del cual provenimos y para anticipar la nueva condición de la vida plena en Dios, en cuya espera vivimos» (BENEDICTO XVI, 25.º Congreso Eucarístico Nacional italiano, 11 de septiembre del 2011).

LLÁMAME

Yo, como cualquiera, experimento miedo a la muerte. No solo a los sufrimientos que me envíes para acompañarla, sino también a lo desconocido. Incluso se me insinúa cierto temor sobre mi destino eterno: no estoy tan seguro de haberte sido completamente fiel. Y es entonces cuando me siento urgido a suplicarte que, en esa hora suprema, me llames.

¡Qué consuelo si en el instante preciso que divide tiempo y eternidad escuchara tu voz! Me ocurrirá como al niño que, paralizado de terror al caminar a oscuras, oye de pronto una voz amable, quizá la mamá que dice su nombre. Entonces avanza, confiado en esa voz que lo acompaña: *Aunque camine por cañadas oscuras, nada temo, porque Tú estás conmigo*[1]. La fuerza de la palabra radica en hacer presente, al que la escucha, a aquel que la pronuncia.

Estoy como Pedro cuando le profetizaste: *Al llegar a viejo otro te conducirá, llevándote a donde tú no quieras*. Pero inmediatamente le dijiste: *¡Sígueme!*[2] Luego de haberle profetizado su muerte, lo llamas

---

[1] *Sal* 23, 4.
[2] *Jn* 21, 18-19.

a seguirte. Apenas Tú, resucitado, mencionas la muerte, añades el imperativo: *¡Sígueme!* Teresita lo entendió cuando, al relatar el mal que la llevaría a la tumba, escribió: «Pues bien, justo durante la novena comencé de nuevo a toser, y desde entonces solo voy de mal en peor. *Es Él quien me llama...*»[3].

Llámame, en la hora de mi muerte. Al hacer esta súplica no te expreso solo el deseo de oír la voz de una persona amiga que me alivie del miedo. Te pido, ante todo, un acto de tu Poder infinito que, con la fuerza de tu palabra, destruya el poder de la muerte llamándome a la Vida. Entonces podré decir, también con Teresita:

> Pero mañana..., dentro de nada, estaremos en el puerto, ¡qué felicidad! ¡Qué maravilloso será contemplar a Jesús *cara a cara* por *toda* la eternidad! ¡Siempre, siempre más amor, siempre alegrías cada vez más más embriagadoras..., una felicidad sin nubes...![4].

¿Será posible —me pregunto— que la prenda preciosa que acabo de recibir —la prenda preciosa de tu Cuerpo— no me haga suspirar por la posesión de Ti de manera plena y manifiesta? Mi fe me lleva a saberte escondido, a advertir que, como la esposa del *Cantar*, estás *detrás de una pared,* y desde ahí me miras *como a través de celosías*[5]. Es un artificio de tu amor: que tu presencia, que parece ausente, calme mi dolor y aumente mi amor.

---

[3] Santa Teresa de Lisieux, *Últimas conversaciones*, 25-V-1897, n. 10.

[4] *Id., Carta* 94, a Celina, 14 de julio 1889.

[5] *Cant* 2, 9.

Sí, porque el amor emplea artificios. Para hacer más grande mi deseo, te escondes. Pero mi fe te descubre, sabiendo que Quien está oculto en el Pan es el mismo que me llamará cuando se rompa la tela del dulce encuentro de hoy.

Y MÁNDAME IR A TI

Me sirve saber que en las versiones más antiguas del *Ánima Christi* —en los manuscritos del siglo XIV—, no se leía *en la hora de mi muerte llámame y mándame ir a ti (in hora mortis mea voca me et iube me venire ad te)*, sino *in hora mortis voca me iuxta te*, «en la hora de mi muerte llámame junto a Ti». Quizá me resulte más entrañable este último sentido: que *en la hora de mi muerte me llames junto a Ti*, a que simplemente *me llames*. Pero, en una u otra de las formulaciones, la aspiración será menor a la que alberga mi ansia, pues no solo estaré *junto* a Ti, sino que, en realidad *seré incorporado* a Ti. Quizá habríamos de decir: *en la hora de mi muerte fusióname en tu Yo*. En la hora de mi muerte hazme uno contigo por la unión de amor que ahora, en la recepción eucarística, se incoa.

Esta plegaria me resulta especialmente conmovedora porque necesito que *seas Tú* quien me llame. Al rezarla aparezco como niño desamparado, consciente de que por mí mismo nada puedo, sobre todo tratándose de alcanzar lo que me supera. La vida celestial trasciende a tal punto mis capacidades que, sin tu Pan, no tendría posibilidad de alcanzarla. Mi esperanza radica en que, en la hora de mi muerte, seas Tú quien me llame, me mande acercarme, unirme, asimilarme, y así, siendo uno, alabemos y bendigamos al Padre celestial por los siglos sin fin.

Sé que es una súplica audaz: te estoy pidiendo saltarme el purgatorio. Ya desde el mismo instante de mi muerte quiero permanecer en esa unión que tu Eucaristía anticipa. Ese instante, como el de la oruga que rompe el caparazón y lo deja, ya inservible, sobre la tierra, mi alma, cual mariposa inmaterial, quiere remontarse al lugar que me reservas en la eternidad. Es lo que te pido ahora: no dilaciones, no esperas: *ya desde ahora y para siempre... contigo.*

> *Se me desatan al final, Jesús bendito, la lengua y el corazón, implorando de Ti sin rodeos la más importante de tus gracias: una buena muerte. Toma Tú entonces, Amigo mío, la iniciativa final de llevarme a Ti en el momento más solemne de mi existencia. Hazme pasar, de ese modo y para siempre, del reino de la queja al de la alabanza. Es lo que más deseo, lo que más ansío: que tu Amor, que ahora me envuelve al comulgar, alcance su plenitud cuando yo muera.*

Estar contigo, también con mi cuerpo

No anhelo solo la visión beatífica de la que ahora gozan las almas separadas. Ya sería muchísimo. Mi comunión contigo anticipa nuestra unión total, aquella que será realizada *cuerpo a cuerpo*, y que se me dará en la conclusión de la historia, al fin de los tiempos. Comulgando tengo la garantía de estar, también corporalmente, contigo Resucitado. Así lo prometiste: *El que come mi carne y bebe mi sangre, tiene vida eterna, y yo lo resucitaré en el último día*[1].

Mi cuerpo será llamado a la resurrección gloriosa precisamente por haber sido alimentado con tu Santísimo Cuerpo y tu Preciosísima Sangre[2]. Un Dios infinitamente bueno e infinitamente poderoso no

---

[1] *Jn* 6, 54.

[2] «Si la carne no se salva, entonces el Señor no nos ha redimido con su Sangre, ni el cáliz de la Eucaristía es participación de su Sangre, ni el pan que partimos es participación de su Cuerpo. Porque la Sangre procede de las venas y de la Carne y de toda la substancia humana, de aquella substancia que asumió el Verbo de Dios en toda su realidad y por la que nos pudo redimir con su Sangre, como dice el Apóstol: *Por su Sangre hemos recibido la redención, el perdón de los pecados.*

»Cuando la copa de vino mezclado con agua y el pan preparado por el hombre reciben la Palabra de Dios, se convierten en la Eucaristía de la Sangre y del Cuerpo de Cristo y con ella se sostiene y se vigoriza la substancia de nuestra carne. ¿Cómo pueden, pues, pretender los herejes que la carne es incapaz de recibir el don de Dios, que consiste en la vida eterna, si esta carne se nutre con la Sangre y el Cuerpo del Señor y llega a ser parte de este mismo cuerpo?

»Por ello bien dice el Apóstol en su carta a los Efesios: *Somos miembros de su cuerpo, hueso de sus huesos y carne de su carne.* Y esto lo afirma no de un hombre invisible y mero espíritu —pues un espíritu no tiene carne y huesos—, sino de un organismo auténticamente humano, hecho de carne, nervios y huesos; pues es este organismo el que se nutre con la copa, que es la Sangre de Cristo, y se fortalece con el pan, que es su Cuerpo.

»Del mismo modo que el esqueje de la vid, depositado en tierra, fructifica a su tiempo, y el grano de trigo, que cae en tierra y muere, se multiplica pujante por la eficacia del Espíritu de Dios que sostiene todas las cosas, y así estas criaturas trabajadas con destreza se ponen al servicio del hombre, y después, cuando sobre ellas se pronuncia la Palabra de Dios, se convierten en la Eucaristía, es decir, en el Cuerpo y la Sangre de Cristo; de la misma forma nuestros cuerpos, nutridos con esta Eucaristía y depositados en tierra, y desintegrados en ella, resucitan a su tiempo, cuando la Palabra de Dios les otorgue de nuevo la vida para la gloria de Dios Padre.

»Él es, pues, quien envuelve a los mortales con su inmortalidad y otorga gratuitamente la incorrupción a lo corruptible, porque la fuerza de Dios se realiza en la debilidad» (San Ireneo, *Adversus haereses,* libro 5, 2, 2-3: SC 153, 30-38).

podría darme menos. Viviré como resucitado porque he *comido* tu Cuerpo... resucitado[3].

Al comulgar con tu Cuerpo resucitado recibo, pues, una prenda de mi glorificación corporal. Incluso podría ir más allá y pensar que, mientras más y mejor te reciba, mi semejanza contigo en nuestra realidad de resucitados será mayor[4].

Ubicaré, pues, nuestra unión eucarística en relación con mi resurrección. Puedo hacerlo en cada Misa, sabiendo que ahí *proclamamos tu Resurrección*. También al unirme a la ofrenda que se presenta para ser transustanciada en tu Cuerpo y en tu Sangre. En ese momento podré oír que me dices: «Ofrece, juntamente con la Mía, tu propia resurrección, que tendrá lugar el último día. Ofrece la resurrección de todos los miembros de tu familia, de los que

---

[3] El inmenso misterio de le Eucaristía, en relación con la vida eterna, puede volverse irrelevante si no accedemos a él por la fe (potenciada por el don de entendimiento) en la vida futura. No somos capaces de comprender ni aun mínimamente nuestro estado de resucitados, pero intentemos iluminar nuestro pequeño horizonte actual con la enseñanza de la Iglesia: «En la Eucaristía recibimos también la garantía de la resurrección corporal al final del mundo: *El que come mi carne y bebe mi sangre, tiene vida eterna, y yo lo resucitaré el último día* (Jn 6, 54). Esta garantía de la resurrección futura proviene de que la carne del Hijo del hombre, entregada como comida, es su cuerpo en el estado glorioso del resucitado. Con la Eucaristía se asimila, por decirlo así, el "secreto" de la resurrección» (San Juan Pablo II, Enc. *Ecclesia de Eucharistia*, n. 18).

[4] Tal intuición la expresan los espirituales —citamos ahora al santo cura de Ars— cuando decía que «ninguna acción enriquece tanto a nuestro cuerpo en lo referente al cielo como la Sagrada Comunión (...). La Sagrada Comunión es para nosotros prenda eterna, de manera que ello nos asegura el cielo; estas son las arras que nos envía el cielo en garantía de que un día será nuestra morada. Aún más: Jesucristo hará que nuestros cuerpos resuciten tanto más gloriosos cuanto más frecuente y dignamente hayamos recibido el suyo en la Comunión» (Santo Cura de Ars, *Sermón sobre la Comunión*).

han vivido antes, de los que vivirán después; la resurrección de todos los tuyos y la de todos los demás, como un cortejo en torno a Mi Resurrección, para gloria del Padre»[5].

Ejercicios de encuentro

Si al comulgar estoy con el que veré nada más trasponer el umbral de mi existencia, podré hacer *adelantos* de encuentro. ¿Qué decirte, para que mi comunión sea verdadero preludio de ese momento definitivo? Quizá me ayude tener a mano papel y lápiz, intentando que esos momentos se materialicen en blanco y negro. Y que se materialicen también —si le parece oportuno a tu Espíritu— las respuestas que pueda oír de Ti, que me has *mandado venir a Ti* con esta comunión: «¿Piensas de cuando en cuando en la Alegría con que te espero en el Cielo? Si tú, tan limitado, sientes emoción cuando llegan tus visitas, ¿cuál no será la Mía al recibir a Mis hijos allá arriba? Ojalá que lo comprendas: Yo, siendo Dios, tengo también Mis

---

[5] Gabriela Bossis, *Él y yo*, n. 1095. San Juan Pablo II enfatiza que, en la celebración eucarística, el Resucitado no resucitó solo para Sí mismo, sino para nosotros también, es decir, para nuestra propia resurrección corporal: "La Pascua de Cristo incluye, con la pasión y la muerte, también su resurrección. Es lo que recuerda la aclamación del pueblo después de la consagración: *Proclamamos tu resurrección*. Efectivamente, el sacrificio eucarístico no solo hace presente el misterio de la pasión y muerte del Salvador, sino también el misterio de la resurrección, que corona su sacrificio. En cuanto viviente y resucitado, Cristo se hace en la Eucaristía 'pan de vida' (Jn 6, 35.48), 'pan vivo' (Jn 6, 51) ... San Cirilo de Alejandría subrayaba que la participación en los Santos Misterios 'es una verdadera confesión y memoria de que el Señor ha muerto y ha vuelto a la vida por nosotros y para beneficio nuestro'" (Enc. *Ecclesia de Eucharistia*, n. 14).

Alegrías interiores, como vosotros las tenéis. Sois de Mi misma Raza. Yo conocí, como vosotros, los estremecimientos de la emoción. ¡Desea!»[6].

Ver tu Rostro. En cuanto franquee la puerta que la muerte tiene cerrada, seré inundado por el resplandor de tu Faz. Sucederá algo maravilloso y feliz: en el mismo instante de mi muerte me encontraré contigo, y seré envuelto por tu mirada amantísima, que me poseerá. Cuanto considere mi muerte, la mía y la de los demás, me sabré más necesitado que nunca de tu Eucaristía. Eres el *Panis vivus et vitalis*[7].

[6] Gabriela Bossis, Él y yo, n. 1613.

[7] SANTO TOMÁS DE AQUINO, Himno *Lauda Sion*. «La Eucaristía nos conduce a la fuente de la verdadera vida, de la vida invencible, y nos descubre dónde y cómo se encuentra la vida verdadera» (Joseph RATZINGER, *El camino Pascual*, BAC, Madrid 1990, p. 127).

PARA QUE CON TUS SANTOS TE ALABE, POR LOS SIGLOS DE LOS SIGLOS. AMÉN

Sueño unirme a la multitud que Juan vio en la revelación apocalíptica: «Después miré y había una muchedumbre inmensa, que nadie podría contar, de toda nación, razas, pueblos y lenguas, de pie delante del trono y el Cordero, vestidos con vestiduras blancas y con palmas en sus manos. Y gritaban con fuerte voz: "La salvación es de nuestro Dios, que está sentado en el trono, y del Cordero"»[1].

Era tan impresionante la visión que "... todos los Ángeles que estaban en pie alrededor del trono y los Ancianos y de los cuatro Vivientes cayeron rosto en tierra delante del trono, y adoraron a Dios (...). Uno de los Ancianos tomó la palabra y me dijo: 'Esos que están vestidos con vestiduras blancas, ¿quiénes son y de dónde han venido?' Yo le respondí: 'Señor, tú lo sabes'. Me respondió: 'Esos son los que vienen de la gran tribulación, los que han lavado sus vestiduras y las han blanqueado con la Sangre del Cordero'"[2].

No solo he de venir de la gran tribulación —habiendo asumido la cruz en mi vida— sino que, además, me

---

[1] *Ap*, 7, 9-10.
[2] *Id.*, 7, 11, 14.

he blanqueado con la Sangre del Cordero, es decir, con tu Sangre. Pertenecer a esa multitud es posible solo gracias al poderosísimo blanqueador que me hace reluciente ante la presencia del Altísimo. Con esta última invocación del *Ánima Christi*, lleno de fe y confianza, reafirmo tus palabras en la sinagoga de Cafarnaúm: *El que coma mi carne y beba mi Sangre, tiene vida eterna, y Yo lo resucitaré en el último día*[3].

A esa multitud imploro pertenecer. La Sangre que me ha blanqueado es la tuya, la del Cordero, y mi vestidura resplandecerá en proporción a la continuidad del *blanqueador*. Gracias a tu Sangre, y por medio de ella, espero los Cielos nuevos y la Tierra nueva. Viviré en la nueva Jerusalén que baja del cielo, tu Esposa, ciudad hermosísima y perfecta, asentada sobre los doce apóstoles, en la que el Padre y Tú habitan permanentemente. La ciudad no necesita templo ni luminaria, porque Tú, el Cordero, eres su luz. Está vivificada por el río de la vida —tu Espíritu— y yo, con los bienaventurados, veré a Dios. Porque te pertenezco[4].

Al terminar mi plegaria, y teniendo el horizonte del Cielo adelantado, no expreso otra ilusión que la de habitar, con Santa María, los ángeles y los santos, en la Jerusalén celestial, ahí donde enjugarás toda lágrima porque el mundo viejo habrá terminado. Tú, luminaria de la Ciudad Santa, eres el mismo que se ha dignado ahora —como prenda de nuestro encuentro allá—, blanquear mi pecho con tu Sangre.

---

[3] *Jn* 6, 54.

[4] Cf. *Ap* 21,1-22,5.

EPÍLOGO

María, cuando comulgaba de manos de los Apóstoles, pudo haber rezado el *Ánima Christi* de manera exclusiva de Ella. Diría: *Alma de Cristo, infundida en mi seno, santifícame... Cuerpo de Cristo, formado en mis entrañas, sálvame..., Sangre de Cristo, tomada de mis venas...* En su última Encíclica, san Juan Pablo II dio a María el hermoso título de *Mujer eucarística*[1].

La insondable relación entre María y la Eucaristía arranca del hecho mismo de la Encarnación, tal como lo presenta san Juan en el capítulo sexto de su Evangelio: hay un nexo estrechísimo entre el Verbo hecho *carne* (*El Verbo se hizo carne*[2]), y la *carne* que Él nos da para vivificarnos: *El pan que Yo les daré es mi carne*[3].

De manera que, partiendo del misterio de la Encarnación, podemos decir que el aspecto mariano de la Eucaristía va más allá del meramente devocional, tal como asegura san Agustín: «De la

---

[1] «María es *mujer eucarística* con toda su vida. La Iglesia, tomando a María como modelo, ha de imitarla también en su relación con este santísimo Misterio». *Ecclesia de Eucharistia,* n. 53).

[2] *Jn* 1, 14.

[3] *Id.,* 6, 51.

carne de María Él tomó carne, en esta carne el Señor ha caminado aquí, y esta misma carne nos ha dado a comer por la salvación»[4]. Los testimonios de los Padres se multiplican[5].

El himno *Ave, verum Corpus, natum de Mariae Virgine* reafirma que el *Corpus* eucarístico es el mismo que históricamente nació de María virgen. Teresa de Lisieux, en una poesía de dudoso gusto y que en nuestros días podría extraviar a los psicoanalistas, intuyó un delicado matiz en la relación María - Eucaristía: «Mi Hostia blanca —escribió ella— es la leche virginal»[6].

Esa percepción le resultaba muy entrañable, al grado de pedirle a su hermana Celina que lo pintara en una pequeña cartulina que conservaba en su breviario. Pero Teresa no dijo más. Es posible que hubiera preferido el silencio ante una intuición que quizá no hubiera sido comprendida entonces ni ahora. Pero está muy claro que se trata de uno de esos temas

---

[4] SAN AGUSTÍN, *Comentario al Salmo* 98, 9.

[5] García Garcés recoge algunos pensamientos de los Padres que asocian a Jesús Sacramentado con María Santísima. Cada uno de esos pensamientos puede inspirar piadosas meditaciones: «La Eucaristía es el fruto bendito del seno de María... Nuestro alimento vivo alimentado por la Virgen... El pan del cielo formado en el seno de María... El pan que produce la tierra purísima de María... El fruto de María infinitamente dulce al paladar... El pan cocido en el seno de María al fuego del Espíritu Santo... La dulzura de la leche de María que gustamos al comer el Cuerpo de su Hijo... La verdadera perla en la concha de la Virgen... El lirio precioso que florece en María... Las vírgenes tendrán allí parte con la Virgen María» (Narciso GARCÍA GARCÉS, *Títulos y grandezas de María*, Coculsa, Madrid 1959, p. 188).

[6] Poesías 1, *El rocío divino o la leche virginal*, 2 de febrero de 1893. Se trata de la primera poesía escrita por Teresa. En la estrofa 4ª escribe: «¡Es tu Sangre la leche virginal!»; y en la 5ª: «¡Se ha hecho pan de los ángeles la leche virginal!»

arraigados en ella y cuya fuente no está en los libros. Celina había recibido esa tradición, y el día en que se convirtió en hermana Genoveva compuso su blasón: el monograma de la Virgen está entrelazado de racimos y espigas.

Jesús se nutrió de la leche de María. Esa leche está presente en la Carne de Jesús que ahora nos alimenta. Porque la Carne que comemos en el Pan se formó de la leche de María: Jesús fue criado con esa leche. Y lo mismo podría decirse de la Sangre, tal como intuyen las almas más sensibles a los misterios divinos: «Jesucristo concebido en las entrañas de María Santísima sin obra de varón, por la sola virtud del Espíritu Santo, lleva la misma Sangre de su Madre: y esa Sangre es la que se ofrece en sacrificio redentor, en el Calvario y en la Santa Misa»[7].

Y, aunque no aparezca ninguna referencia explícita en la plegaria *Ánima Christi*, nos servirá pensar que en la Sagrada Comunión late no solo el misterio de la carne y de la sangre de la *Mujer eucarística*, sino también el de su leche.

---

[7] SAN JOSEMARÍA ESCRIVÁ, *Es Cristo que pasa*, n. 89.

ANEXO 1.
DATOS HISTÓRICOS SOBRE EL *ÁNIMA CHRISTI*

Escrita originalmente en latín, fue compuesta con toda seguridad antes de 1330, pues ya entonces la indulgenció el papa Juan XXII. En 1344 la encontramos en el *Diario* de la mística alemana beata Margarita Ebner (1291-1351). A 1370 se remonta el manuscrito que el himnólogo inglés James Mearns[1] encontró en el British Museum[2]. En ese mismo museo existe otro manuscrito prácticamente igual al precedente —las variantes son mínimas— datado en la segunda mitad del

---

[1] Nacido en 1855 en Coldstream, Berwickshire, Escocia. Estudió en la Universidad de Glasgow y en el United Presbyterian College. Dejó el presbiterianismo y se hizo anglicano, siendo ordenado en la Iglesia de Inglaterra en 1885. Director asociado de la segunda edición del *John Julian's Dictionary of hymnology* (1907), realizó numerosas investigaciones sobre los himnos medievales, entre los que destacan *Early Latin hymnaries: an index of hymns in hymnaries before 1100* (1913), *The canticles of the Christian church, eastern and western in early and medieval times* (1914), y una *Anthologia Graeca Carminum Christianorum* (1915). Murió en 1922.

[2] *Manuscrito Harley* 2.253. La Colección Harley (*Bibliotheca Harleiana*) es una de las principales colecciones reservadas del Museo Británico. Consta de 7660 manuscritos, más de 14 000 documentos legales originales y unos 500 rollos. Pacientemente recopilada por Robert Harley (1661-1724) y su hijo Edward (1689-1741), el gobierno británico la adquirió en 10 000 libras el año 1753.

siglo xiv[3]. En la biblioteca papal de Aviñón se conserva el devocionario del cardenal Pedro de Luxemburgo, muerto en 1387, con una redacción casi idéntica a la que conocemos. Consta también que en el siglo xiv era copiada y recitada en Francia, Alemania, Holanda, España, Inglaterra e Italia.

> Tras la espiritualidad serena y mayestática de los siglos xii y xiii, que se deleita en la contemplación de los altos misterios divinos, irrumpe en el pueblo cristiano una oleada de devoción menos especulativa, más afectiva y sentimental, más Cristo céntrica, que se detiene a contemplar y meditar tiernamente los misterios de la Humanidad de Jesús más bien que las sublimidades de la Divinidad[4].

En los Libros de las Horas del siglo xv, el *Ánima Christi* aparece a menudo entre las diversas oraciones para la Misa, junto con el Oficio de la Santísima Virgen y el de Difuntos. La rezaba y difundía el beato Bernardino de Feltre (1439-1494) con tal entusiasmo que no faltó quien se la atribuyera. Se encuentra también en el Libro de las Horas del emperador Carlos V.

El *Ánima Christi* en los *Ejercicios* de san Ignacio

Para el siglo xvi la plegaria era tan popular que san Ignacio de Loyola recoge una versión reducida en la primera edición de sus *Ejercicios Espirituales*. En

---

[3] *Manuscrito Harley* 1.260.

[4] R. García-Villoslada, "*Ánima Christi*. Origen y evolución de esta plegaria medieval", *Manresa* 51 (1979), 122-123.

las ediciones posteriores la transcribe completa, invitando a los ejercitantes a meditarla. El *Ánima Christi* se encontraba en los devocionarios que empleaba en su juventud.

Por su inclusión en el libro de los *Ejercicios*, la plegaria se atribuyó a san Ignacio. Ciertamente la recomienda encarecidamente en su célebre escrito, contribuyendo a divulgarla más que nadie. De él la aprendieron sus compañeros y cuantos se ponían bajo su dirección. Pero la plegaria tenía más de doscientos años cuando el santo la rezaba y propagaba. Uno de los cofundadores de la Compañía de Jesús, san Pedro Favre, la recitaba con asiduidad y pedía a Dios —lo asegura en su *Memorial*— recitarla cada vez con mayor devoción[5]. Quizá deberíamos pedir también nosotros lo mismo.

Que los jesuitas la emplearan como elemento integrante de sus devociones se deja de ver —aunque se trate de testimonios tangenciales— en dos películas contemporáneas: *La Misión* y *Silencio*. En la primera, producida por Roland Joffé en 1986 sobre la evangelización de los indios guaraníes, la plegaria aflora en los labios de un grupo de religiosos escondidos cuando divisan al traficante

---

[5] Nacido en Saboya en 1506, se traslada a París en 1525 al Colegio de Santa Bárbara, donde comparte habitación con el navarro Francisco Javier. Ordenado sacerdote en 1534, describe en su *Memorial* el estado de su vida espiritual. El fragmento al que nos referimos corresponde al 12 de marzo de 1543: *Hic coepi desiderare spirituali quadam devotione et consideratione, ut fiam devotior eius orationis, qua oratur: Ánima Xpi., sanctifica me; corpus Xpi., salva me; sanguis Xpi., inebria me; aqua lateris Xpi., lava me... Maxime vero tactus sum singulari quadam cognitione circa beatitudinem ac virtutem Ánimae Christi»*, etc. (MHSI *Fabri monumenta*, Madrid, 1914, 625-26). Favre fue canonizado por el papa Francisco en 2013.

de esclavos Rodrigo Mendoza (Robert de Niro). La segunda, producida por Martin Scorsese en 2016, trata el delicado tema de la apostasía de dos jesuitas en las misiones de Japón durante las terribles persecuciones del siglo XVII. Un pequeño grupo de fieles, bajo una fuerte tormenta y atemorizados ante las graves dificultades que los obligan a emprender un largo viaje, se apiñan en torno al padre Rodrigues y al hermano Francisco, mientras rezan devotamente la plegaria.

El *Ánima Christi* en el Alcázar de Sevilla y en el de Segovia

En la España del siglo XIV ya se rezaba el *Ánima Christi*. La seguridad proviene no tanto de códices o libros litúrgicos cuanto de una inscripción grabada hacia 1364 por orden del rey Pedro I de Castilla (1334-69)[6] en el Alcázar de Sevilla. Explica el padre Villoslada:

> La podemos ver grabada en el bellísimo patio del Alcázar, el llamado "Patio de las doncellas", en torno a la gran puerta que daba acceso al Salón de Carlos V. Sobre el dintel de esa grandiosa puerta se extiende un ancho friso, con tres ventanas de celosía, formando con la puerta y sus jambas un enorme conjunto rectangular. Dos franjas paralelas de cerámica esmaltada corren a ambos lados y por encima de ese gran rectángulo: la primera es muy ancha, con adornos de las armas de Castilla y León; la segunda, inmediatamente

---

[6] Llamado "Pedro el Cruel" por sus detractores, "Pedro el Justo" o "el Justiciero" por sus partidarios. Rey de Castilla desde 1350 hasta su muerte en 1369.

superpuesta o adjunta, tiene menos anchura (0,17 m.) y es la que nos interesa, porque lleva a todo lo largo de su extensión las invocaciones del *Ánima Christi*.

Al lado izquierdo, desde el zócalo de azulejos, arranca la inscripción y sube hasta más arriba del dintel y del friso superior, lo recorre luego horizontalmente y baja perpendicular hasta el zócalo del lado derecho. Sorprende a primera vista topar con una devotísima oración a Cristo Redentor en medio de tantos refinamientos de lujo y de arte como ostenta aquel suntuoso alcázar, que rivaliza —a juicio de Pedro de Madrazo, gran autoridad en la materia— con los maravillosos encantos de la Alhambra granadina. La razón de estar allí pudo ser que aquella grande y magnífica puerta daba acceso a una capilla del palacio[7].

De 1412 es la inscripción del Alcázar de Segovia, más completa que la de Sevilla, aunque posterior a ella 48 años. Fue una nieta de don Pedro I, la reina Catalina de Lancaster[8], madre de Juan II y regente en la minoría de este, quien dispuso la decoración del antiguo palacio-fortaleza. Devota del *Ánima Christi* como su abuelo, la hizo inscribir, con otras oraciones, en el salón de la Galera, a lo largo del friso que corre adornando lo más alto de las paredes, bajo el rico artesonado de casetones y arabescos azules y dorados.

El 6 de marzo de 1862 un incendio destruyó gran parte del regio monumento, acabando con las principales estancias, capiteles, artesonados, alfarjes, pinturas y otras valiosas obras de arte. Entre ellas, el salón de la Galera con la inscripción del

[7] R. García-Villoslada, *"Ánima Christi"*, p. 126.

[8] Hija de Constanza de Castilla, hija a su vez de Pedro I.

Ánima Christi. Pero dieciocho años antes, el director de la Escuela de Nobles Artes de Segovia, José María Avrial (1807-1891), acreditado dibujante y excelente escenógrafo, había bosquejado una serie de láminas reproduciendo lo más importante del Alcázar. Entre esas láminas se encuentra la inscripción del *Ánima Christi*[9].

Aparición en diversas lenguas

Es también en el siglo XIV cuando el original latino es traducido al francés, alemán, italiano, inglés, holandés y español. Todas parten del original del British Museum al que nos hemos referido[10]:

Ánima Christi sanctifica me.
Corpus Christi salva me.
Sanguis Christi inebria me.
Aqua lateris Christi lava me.
Passio Christi conforta me.
O bone Jhesu exaudi me.
Et non me permittas separari a te.
Ab hoste maligno defende me.
In hora mortis voca me.
Et pone me iuxta te.
Ut cum angelis tuis laudem te in saecula seculorum.
Amen.

Advertimos pocas diferencias con la versión actual. La más significativa es la ausencia de *Intra vulnera*

[9] Publicadas, con estudio preliminar del Marqués de Lozoya, bajo el título: J. M. AVRIAL Y FLORES, *Segovia pintoresca y Alcázar de Segovia* (Segovia 1953).

[10] *Manuscrito Harley* 2.253.

tua absconde me, que es un enriquecimiento introducido en el siglo xv. Otra variación —a la que ya nos hemos referido— es el cambio de la súplica *Et pone me iuxta te* (*Y ponme junto a ti*) por *et iube me venire a te* (*y mándame venir a ti*), sustituida también en el siglo xv. Y la mención final a los ángeles, que se sustituye por *los santos*.

Dom Gougaud descubrió una traducción francesa en el códice *Horae B. M. Virginis* de la Iglesia de Southwark (Londres), que se ubicaría entre 1350 y 1380. Reza así:

Ame de Ihesu Crist, savus moy.
Corps de Ihesu Christ, sanctifie moy.
Sang de Ihesu Crist, enyue moy.
Yaue qui issi du coste Dieu, lave moy.
Passion de Ihesu Crist, conforte moy.
Et bon Ihesu, essauce moy.
Et ne me seuffre pas estir sepaire toy.
A leure de la mort appelle moy.
Et me mest de coste toy.
Si que avec les anges ie te loe
En siecle des siecles. Amen.

Anterior a la versión francesa es la traducción alemana. En los manuscritos de Tréveris, datados en la primera mitad del siglo xv, encontramos esta versión:

Godes sele hele mich.
        (Alma de Dios santifícame)
Godes Víchame bealde mic.
        (Cuerpo de Dios sálvame)
Godes blut del daz drenke mich
        (Sangre de Dios embriágame)

Wasser daz von godes siten flois daz wesche mich.

(Agua que fluyó del costado de Dios lávame)

De martel godes, sterke mich.

(La Pasión de Dios confórtame)

O guder got herhore mich.

(O buen Dios escúchame)

Hilf mir herre daz hich von deir nit werde gescheiden.

(Ayúdame Señor que yo no me aparte de ti)

Behude mich vor de bosen vienden.

(Guárdame de los malos enemigos)

In mime hende ruf mir.

(En mi finamiento llámame)

Und leide mich

(Y condúceme)

Unde secze mich zu dir.

(Y ponme junto a ti)

Daz ich dich werde lobende

(para que yo sea tu alabador)

Mit de engele imer eweclige. Amen.

(con tus ángeles siempre eternamente. Amen).

De manera que el texto latino —anterior a las traducciones— corría por Europa en la primera mitad del siglo XIV. La datación viene confirmada, como ya dijimos, por el *Diario* de la mística dominica alemana beata Margarita Ebner[11] (1291-1351). El día de Navidad de 1344 escribe:

---

[11] Nacida en Donauwörth, Baviera, ingresa hacia 1306 al convento dominico de la Asunción de la Virgen. Su vida debía ser, según sus propias palabras, «salvadora para sí misma, ejemplar para los hombres, agradable a los ángeles y grata a Dios». Considerada una de las grandes místicas del siglo XIV, escribe sus experiencias en *Las revelaciones* o *Diarios* y en la colección de elevaciones espirituales llamada *Padrenuestro*. Muere en 1351 con fama de santidad. Su culto fue confirmado y ratificado por san Juan Pablo II en 1979 (fue la primera beatificación de su pontificado).

Después de cada cincuentena (de Padrenuestros), rezo yo la oración *Ánima Christi sanctifica* me, suplicando por su santa Pasión la fortaleza para poder resistir a todo mal en pensamientos, palabras y obras, y pido luego ayuda poderosa para vivir en la verdad pura y que la verdad viva en nosotros... Un día caí en gran tribulación a causa de mi cotidiana negligencia. Entonces me vino con gran consolación el deseo de rezar cinco *Misereres* a las cinco señales de amor (las cinco llagas) y tras cada *Miserere* el *Ánima Christi sanctifica me*[12].

La misma beata compuso una hermosa plegaria, entre cuyas súplicas hallamos vestigios del *Ánima Christi*:

> *Con tu sangre lávame,*
> *en tu Pasión purifícame*
> *por tus dolores atorméntame...*
> *por tus llagas cúrame...*
> *en tu dulzura embriágame*
> *para que te alabe con todos los santos. Amen.*

A las traducciones francesas y alemanas del siglo XIV se podrían agregar versiones holandesas —la más antigua de 1338-39—, y otras italianas de los mismos años. Una de ellas comienza con un oportuno *addendo*: *O preziosa Ánima di Cristo, santifica me...*

Algo posterior es el códice de la biblioteca capitular de Verona que reza así:

> *Anema de Cristo, sanctificame.*
> *Corpo de Cristo, salvante.*
> *Sangue de Cristo, ibriame.*

---

[12] *Der seligen Margareta Ebner Offenbarungen und Briefen*, traducción e introducción de H. WILMS, O. P.

> *Aqua lo ladi de Cristo, lavame.*
> *Pasiuo de Cristo, confortame.*
> *Bon Yesu, esoldime.*
> *E no me lagar parti da ti.*
> *Dalo nemigo defendime.*
> *In lora dela morte clamame.*
> *E ponime apreso de ti,*
> *Acio che cum li to agnoli laudote*
> *In sempiterna saecula.*

La traducción española más antigua se conserva en la Biblioteca de la Real Academia de la Historia, manuscrito 6.539:

> *Desque fuere alçado el cuerpo de Dios, fincados los hinojos, di esta oración: Oración para cuando alçan el cáliz:*

> *Ánima de Jesucristo, santifica me.*
> *Cuerpo de Jesucristo, salva me.*
> *Sangre de Jesucristo, embriaga me.*
> *Agua del lado de Jesucristo [lava me. Pasión de Jesucristo], conforta me.*
> *Oh buen Jesu, oye me.*
> *E non permitas apartar me de ti.*
> *Del enemigo malo defiende me.*
> *En la hora de la muerte llama me.*
> *E pone me cerca de ti.*
> *Para que con los ángeles e los santos te alabe.*
> *En el siglo de los siglos. Amen.*

Dijimos que en ninguna de las versiones primitivas aparece la invocación a las Llagas de Cristo. Se introducirá ya entrado el siglo xv, y es la única añadidura que permanece. Otros intentos cayeron pronto en desuso, por ejemplo, *Sudor Christi, sana me*; *Cor Christi, accende me; Mater Christi, ora pro me.* Luego de las revelaciones de Jesús a santa Margarita María Alacoque, un jesuita alemán, Frank Schauenburg (1716-1772), hizo girar toda la plegaria en torno al Sagrado Corazón:

Cor Iesu! Sanctitas tua sanctificet me.
Cor Iesu! Salvatoris mei, salvet me.
Cor Iesu! Amor tuus accendat me.
Cor Iesu! Sanguis tuus inebriet me.
Cor Iesu! Aqua tua lavet me.
Cor Iesu! Passio tua confortet me.
Cor Iesu! Bonitas tua exaudiat me.
Cor Iesu! Vulnus tuum abscondat me.
Cor Iesu! Potentia tua defendat me.
Ah! Ne permitías me separari a te.
In hora mortis meae voca me.
Et iube me venire ad te.
Ut cum sanctis tuis laudem te. Amen.

Por su parte, san John Henry Newman compuso en 1857 una versión rimada del *Ánima Christi*:

Soul of Christ, be my sanctification;
Body of Christ, be my salvation;
Blood of Christ, fill all my veins;
Water of Christ's side, wash out my stains;
Passion of Christ, my comfort be;
O good Jesus, listen to me;
In Thy wounds I fain would hide;
Never to be parted from Thy side;
Guard me, should the foe assail me;
Call me when my life shall fail me;
Bid me come to Thee above,
With Thy saints to sing Thy love,
World without end. Amen.

Añadamos, en fin, otra en verso castellano, de autor desconocido, datada a fines del siglo xv. La perífrasis está compuesta por versos de arte mayor:

Oración muy devota a la elevación del Corpus Christi trovada por una persona muy devota.

> *Ánima Christi divina y gloriosa*
> *tú me santifica, pues siempre te adoro,*
> *porque yo goce del tu grande tesoro.*
> *O Corpus Christi, o sangre preciosa, mi ánima abriga (¿embriaga?)*
> *y salva y reposa, y con el agua de tu santo lado la lava*
> *y limpia de yerro y pecado porque en tu gloria se halle gozosa.*
> *Y la tu santa y sagrada Pasión conforte y anime*
> *el mi pensamiento porque me libre de todo tormento*
> *y dolor y tristeza y tribulación.*
> *O buen Jesús, oye la mi oración, y no permitas de ti apartarme*
> *y me defiende y ven a librarme del malo enemigo y de su tentación.*
> *Y al tiempo que muera me llama, Señor,*
> *y ponme cerca de ti en la tu gloria, porque yo pueda con mayor vitoria*
> *con ángeles tuyos loarte, Señor, en siglo de siglos,*
> *do el resplandor de gloria eterna*
> *allí prometiste a santos y justos, y así se la diste do siempre contemplan su grande loor.*

La frondosidad exuberante de un árbol no siempre resulta ventajosa para el mismo. Por eso las añadiduras, por bellas que sean, no suelen participar de la precisa concisión del original, y pronto caen en el olvido. Así ocurrió con las adiciones complementarias y redundantes de los últimos siglos. Pero ni los fieles sencillos, ni los expertos himnólogos, permitirán que se pierda, caiga en desuso o se olvide, la única invocación añadida posteriormente y que supuso un auténtico enriquecimiento: *Intra vulnera tua absconde me.*

La invocación de las Santas Llagas

La ferviente súplica *Intra tua vulnera absconde* ha venido a ser, quizás, la preferida de los cristianos devotos, que suelen detenerse en ella cuando rezan el *Ánima Christi.*

Es imposible precisar el momento de su introducción, aunque la invocación aparece ya en códices alemanes y españoles del siglo xv. Por entonces la espiritualidad católica se hace más patética, como teñida en sangre, temblorosa, dolorida. Sufre y suspira ante los Cristos en agonía, o los contempla en su inicuo proceso, en su flagelación, en las Crucifixiones y ante las Dolorosas o los Cristos yacentes. Tan solo Italia, con su humanismo renacentista, dulcifica el crudo realismo de otros países. Pero también ahí la Sangre, las heridas, los tormentos del Cuerpo de Cristo son tema predilecto de la contemplación, de las artes figurativas y de las efusiones líricas[13].

Se han conservado hermosas plegarias medievales en honor a las Sagradas Llagas, algunas atribuidas a santa Clara de Asís. También santa Matilde y santa

---

[13] Baste recordar la propagación emocionada de la secuencia *Stabat Mater*, de Jacoppone di Todi (1236-1306): *Crucifixo fige plagas —corde meo valide... Fac me plagis vulnerari— Cruce fac inebriari...*

Gertrudis de Helfta fueron devotas de las Santas Llagas. En el crepúsculo medieval, innumerables voces se alzan con suspiros y llantos de amor, de compasión y de contrición ante las heridas del Redentor. Contemplando las lesiones de su Costado, de su Cabeza, de sus Manos y de sus Pies, se componen multitud de himnos que resuenan en las grandes catedrales o se musitan en la soledad de las celdas: *Ave, vulnus lateris...*, *Ad vulnus dextrae...*, *Sinistrae manus...*, *Dextri pedis...*, *Sinistri pedis...*, *De corona spinea...*, *De hasta et clavis Domini...*, *Ave Caput Christi gratum...*, *Ave sacer Christi sanguis...*[14].

Siglos después, los obispos polacos solicitan al papa Clemente XIII una Misa y un Oficio propios para honrar las Llagas del Señor, justificando así su petición: "Las Cinco Llagas de Cristo serían honradas con una Misa y un Oficio propios, y en consideración a estas Llagas veneramos también los Pies, las Manos y el Costado de tan adorable Redentor. Estas partes del Santísimo Cuerpo de nuestro Señor son consideradas como las más dignas de culto particular precisamente porque sufrieron dolores especiales por nuestra salvación y porque fueron decoradas con estas Llagas como si fueran una insigne marca de amor. Por lo tanto, con viva fe, ellas no pueden ser vistas de otro modo que con un sentimiento especial de religión y devoción"[15].

---

[14] Guido María Dreves y Clemens Blume recogieron un gran número de ellos en *Analecta hímnica medii aevi*, Leipzig 1886-1925, 55 vols.

[15] Nicolaus NILLES, *De ratione fest. SS. Cord. Iesu et Mariae*, I, 126.

También el Rosario dominicano promovió la devoción a las Santas Llagas. Si las cincuenta cuentas pequeñas honran a María, las cinco grandes, con sus correspondientes padrenuestros, tienen intención de honrar las Llagas de Cristo. Los cinco granos de incienso que se clavan en el cirio pascual representan las Llagas en las que "hemos sido curados"[16]. Y la cofia que diseñó santa Brígida para su Orden Religiosa lleva insertadas cinco piedras rojas con el mismo propósito.

Sobre el momento en que fue añadida esta invocación al *Ánima Christi* comenta el padre Villoslada:

> Diríase que, entre las turbulentas olas de aquella época, las almas contemplativas buscaban un puerto seguro y volaban como palomas azoradas al nido del costado divino y buscaban refugio en las cinco Llagas del Redentor. El campo estaba preparado y la ocasión propicia para que en el árbol de la ya popularísima plegaria brotase una ramilla nueva de pujante vida, mucho más larga que la de otros vástagos y retoños que le brotaban momentáneamente y al poco tiempo caían al suelo marchitos[17].

En 1491 se imprime el libro *Hortulus animae* —algo así como un Breviario de la época— que reproduce el *Ánima Christi* en su forma definitiva, tal como la conocemos hoy: *INTRA VULNERA TUA ABSCONDE ME*. También se había modificado la invocación colocada en el verso once (*et pone me iuxta Te*: y

---

[16] *Is* 53, 5: «El castigo, por nuestra paz, recayó sobre Él, y en sus llagas hemos sido curados».

[17] R. García-Villoslada, "*Ánima Christi*", p. 135.

ponme junto a Ti), que, como hemos dicho, tenía un sentido más íntimo que la nueva (*et iube me venire a Te*: y mándame venir a Ti). Al fin y al cabo, es más entrañable estar *junto* a Él que simplemente *nos mande* ir a Él. Pero la sucedánea resultó estimada por el pueblo cristiano, y no le faltan tampoco resonancias evangélicas.

Con la súplica para encontrar el refugio de las Llagas y la variación del verso once, la plegaria quedó redondeada y se mantendrá invariable a lo largo de los siglos. Ahora podríamos decir con el poeta: «¡No la toques ya más, que así es la rosa!»[18]

El *Ánima Christi* en la música

Su musicalización ha alcanzado altas cotas de belleza, como el motete de Juan Bautista Lully compuesto en 1686, o la versión —para coro masculino con órgano— de Franz Liszt de 1874. Antes, Giovanni Valentini la había musicalizado en estilo barroco en el 1618, Domenico Borgiani en el 1646, y Silvestre Durante en 1647.

En el siglo XIX, el jesuita William J. Mahler (1823-1877) hizo una versión en lengua inglesa muy popular entre los católicos de la Gran Bretaña, *Soul of my Saviour*[19]. Amédée Gastoué (1873-1943)

---

[18] Juan Ramón JIMÉNEZ, *Piedra y Cielo*, 1917.

[19] *Soul of my Saviour, santify my breast. / Body of Christ, be Thou my saving Guest! / Blood of my Saviour, bathe me in Thy tide. / Wash me with water, flowing from Thy side! / Strength and protection may Thy Passion be. / O blessed Jesus, hear and answer me! / Deep in Thy wounds, Lord, hide and shelter me, / So shall I never, never part from*

reelaboró en 1921 una antigua versión atribuida a Johannes Ciconia (1370-1412). En los últimos años ha tenido una amplia difusión la hermosa versión coral para cuatro voces del compositor italiano Marco Frisina, del año 2000, y también la versión menos conocida pero no menos hermosa de Orlando Dipiazza del 2010.

¿Antecedentes del *Ánima Christi*?

Sin duda que nuestra plegaria viene nutrida por la tradición de piedad eucarística de los siglos anteriores al xiv. No es —como nada en la Iglesia— producto de generación espontánea. Bástenos leer la *Tercera plegaria eucarística* del último de los Padres orientales, san Juan Damasceno (s. viii), para advertir un fervor eucarístico con acentos análogos al *Ánima Christi*:

> Tengo herido el corazón; me ha derretido el ardor por Ti, me ha transformado el amor a Ti, ¡oh, Señor!; estoy encadenado a tu amor.
> Quede yo lleno con tu Carne,
> quede yo saciado con tu vivífica y divinizadora Sangre;
> goce yo de tus bienes;
> sumérjame yo en las delicias de tu Divinidad;
> sea yo hecho digno de que cuando vengas glorioso salga a tu encuentro,
> arrebatado yo entre las nubes al aire
> con todos tus escogidos para que te alabe y te adore y te glorifique,

---

Thee. / Guard, and defend me from the foe malign. / In death's dread moments make me only Thine. / Call Me and bid me come to Thee on high, / Where I may praise Thee with Thy saints for aye!

dándote gracias y confesándote junto con tu Padre,
que no tiene principio,
y con tu Santísimo y bueno y vivificante Espíritu,
ahora y siempre por los siglos de los siglos. Amén.

Habiendo realizado este breve recorrido histórico,
no olvidemos que, al tratar de la Eucaristía, estamos
refiriéndonos a Alguien vivo y presente. No se
trata, pues, de un recuerdo, de una entelequia,
de un postulado, sino de un Amante que escucha
conmovido nuestra plegaria y nos responde con el
derroche de sus gracias.

ESTE LIBRO, PUBLICADO POR
EDICIONES RIALP, S. A.,
MANUEL URIBE 13-15, 28033 MADRID,
SE TERMINÓ DE IMPRIMIR EN
ANZOS, S. L. FUENLABRADA (MADRID),
EL DÍA 15 DE ENERO DE 2026.